KB270236

최신곡 모음집
BEST CCM

CCM2u.com

가

가난한 마음 가지고 — 2
가장 행복한 사람 — 67
감사하세 하나님께 — 1
감사함으로 — 79
거룩 거룩 거룩 하신 주 — 4
거룩 존귀 — 4
거룩하신 전능의 주 — 3
거룩하신 주 — 114
거룩하신 주 예수 — 5
거룩한 보좌에 계신 주 — 5
거리마다 기쁨으로 — 6
광대하신 주님 — 124
교회 — 7
교회는 주님의 몸 — 7
교회를 부흥시키소서 — 73
구원의 반석 — 8
그날을 기다리는가 — 10
그 놀라운 사랑 — 93
그대는 하나님의 — 9
그 사랑 얼마나 — 49
그 이름 — 76
기도의 집 — 113
기쁨의 노래 — 119
기쁨의 예배 — 71
기적이 일어나네 — 103
길을 여는 자 — 17

나

나는 자유해 — 30
나는 자유해 — 48
나는 주만 높이리 — 11
나로 주님의 — 12
나를 받으소서 — 94
나를 부르신 — 13
나를 향한 주님의 사랑 — 14

나 여기 — 15
나 오늘도 걷네 — 16
나의 기도 — 29
나의 길 보이지 않아서 — 17
나의 달려갈 길과 — 18
나의 맘 받으소서 — 19
나의 영혼 간절히 — 20
나의 영혼의 힘이 되신 주 — 21
나의 주님은 — 22
나의 주 하나님 한없는 그 사랑 — 23
나의 피난처 예수 — 24
나의 하나님 — 25
나의 하나님 오직 주님만 — 25
나 이제 돌아가 — 26
나 주앞에 서있네 — 27
날 채워주소서 — 28
내가 주님께 구하나 — 29
내가 주 찬송하리 — 30
내가 초라한 것이 — 31
내 기쁨 되신 주 — 132
내려놓게 하소서 — 33
내 마음 다해 — 32
내 마음을 가득 채운 — 35
내 마음 주께 드려 — 34
내 모든 것 나의 생명까지 — 36
내 삶에 소망 내가 바라는 한 분 — 37
내 삶의 목적이신 주 — 39
내 삶의 유일한 자랑 — 38
내 생명다해 — 40
내 세상이 끝났을 때 — 41
내 안과 밖 정결하게 — 42
내 안에 주를 향한 이노래 — 43
내 영혼 소생시키시고 — 44
내 영혼이 은총입어 — 45
내 영혼 주님을 만날 때 — 46
내 주는 구원의 주 — 58
놀라우신 주의 은혜 — 47

높고 놀라우신 주	110
눈 먼자 보게해	48

다

다시 복음 앞에	53
다윗의 노래	44
다 표현 못해도	49
당신은 예배자	166
당신은 하나님의 거룩한 성전	51
들으라 큰 물의 박수소리	50
떡과 잔을 주시며	52

마

만드소서 내 삶을	42
만방의 족속들아	54
많은 이들 말하고	53
많이 힘든것 알아	55
멈출 수 없는 사랑	56
모든것이 주께로 났으니	57
모든이들 필요해	58
목적이 이끄는 삶	39
무너진 내 맘에	59
믿음으로	13
믿음의 담대함 주신	60

바

바람을 따라서	61
바람이 불어온다	61
받아주소서	116
보좌에 계신 어린양께	63
보혈 세상의 모든	62
보혈 흐르는 주 발아래	64
부끄러운 나의모습	65
부족함 이를 데 없는	67

사

사랑의 열매	129
사랑의 왕	140
새 노래로 노래하리	66
새힘 얻으리	68
섬김	157
성령님 오시옵소서	69
세상이 감당할 수 없는	70
세상이 줄 수없는	71
소리쳐 주를 찬양하고	72
소망 없는 세대가운데	73
시온의 영광이 빛나는 아침	74
신령과 진정으로	133
십자가 아래	64

아

아름다우신	43
아버지의 놀라운 사랑	75
아버지의 눈물	75
아침이 밝아 올때에	76
아침 햇살 가득	77
약속의 땅을 향해	16
언제 어디서나 무엇하든지	78
여호와를 즐거이 불러	79
여호와 영광이 온 세상 가득하게	80
열방 민족을 향한	81
열방을 내게 주옵소서	63
영광의 주님 앞에	82
영광이 열방에	83
영광 향한 주의 열정	84
예수 내 영혼의 사랑	86
예수님은 나의 반석	85
예수님의 눈으로	87
예수님처럼	31
예수 닮기를	37
예수보다 더 큰 사랑	88

예수 안에 소망있네   89
예수 예수 거룩한   90
예수의 사랑이   91
예수의 이름 부를 때   92
예수의 이름이   93
예수 좋은 내 친구   102
예수 피밖에   62
오 오 주님   94
오직 주님만   95
오직 주만   164
오직 주의 은혜로   97
오 하나님 온 땅 위에   96
온 땅 다스리시는 주님   98
온 땅위에 모든 사람들   101
온 세계 지으신 창조의 하나님   99
온세상에 전하리라   72
완전한 사랑 보여주신   102
왕되신 나의 주님   100
왕 되신 주 앞에 나 나아갑니다   162
왕의 왕 예수   81
외쳐 부르네   50
우리는 주의 거룩한   104
우리의 찬송 중에 임하신 주님   103
우리의 찬양 받으소서   105
우리 주 이름으로 모였으니   106
우리 찬양 향기되게 하시고   107
우린 이겼네   1
우릴 사랑하사   108
우상을 섬기며   109
위대하신 전능의 주   110
이 곳 만민의 기도의 집   113
이 시간 이곳에 모인 우리들   111
이제 우리 함께 모여서   112
일어나 두손들고   114
일어나라 백성들아   115
일어서리   60
잃어버린 나의 눈물을   117

잃은 영혼 구원 얻으며   116

자

전능의 주 얼굴 구하며   118
정상을 넘어   55
주가 지으신 주의 날에   119
주가 하시리   120
주가 하시리라   120
주 계신 곳 나아갈 때   121
주께 구했던 한가지 소망   122
주는 나의 승리   108
주는 내 목자시니   123
주님과 함께 못 박힌   125
주님 광대하신 주 이름   124
주님께 감사드리라   126
주님 발 앞에 엎드려   127
주님 사랑합니다   23
주님을 더욱   128
주님의 뜻대로   150
주님의 사랑이   129
주님이 부르신 곳   130
주님 한 분 만으로   131
주를 영원히 송축해   132
주를 위해 살아가는   135
주를 찬양해   133
주를 향한 나의 맘   134
주 보좌앞에서   136
주 보혈 나를 덮었네   137
주 사랑 놀라와   161
주 사랑으로   121
주 사랑하는 마음   138
주여 주 예수여   139
주 은혜 놀라운 사랑   140
주의 나라에는 참 생명있네   141
주의 나라 오리라   59
주의 복음을   125

주의 선하심과 인자하심을 142
주의 아름다운 처소 143
주의 장막에서 144
주의 집에 거하는 자 145
주의 한결같은 사랑이 146
주 임재 안에서 36
주 임재하시는 곳에 147
주 자비 춤추게 하네 148

차

찬양의 이유 77
찬양 중에 눈을 들어 149
축제의 예배 153
춤추는 세대 148

카

크신 주의 사랑 34

타

태초부터 150

하

하나님 그 임재 앞에 151
하나님께로 152
하나님께서 휘바람 불어 153
하나님 나라 141
하나님 날 위해 154
하나님 만으로 만족합니다 155
하나님 온 맘으로 156
하나님의 나라 진동치 않네 158
하나님의 마음에 합한 사람 9
하늘 가족 우리 교회 104
하늘에 계신 아버지 159

하늘을 봐 41
하늘의 소망을 품고 사는 사람 70
하늘의 영광을 다 버리고 157
하루 하루 20
할렐루야 Echo 78
할렐루야 그 성소에서 160
할렐루야 할렐루야 161
햇살보다 밝게 빛나는 162
허리를 숙여 돌을 주으라 163
호산나 149
호산나 82
홀로 위대하신 주 164
회개의 노래 109
회복시키소서 117
흰눈보다 더 165
힘든 일 있었나요 166

C

거리마다 기쁨으로   6
구원의 반석   8
나의 피난처 예수   24
내 세상이 끝났을 때   41
다시 복음 앞에   53
당신은 예배자   166
많은 이들 말하고   53
보좌에 계신 어린양께   63
섬김   157
세상이 감당할 수 없는   70
언제 어디서나 무엇하든지   78
열방을 내게 주옵소서   63
예수 좋은 내 친구   102
완전한 사랑 보여주신   102
우리의 찬양 받으소서   105
일어나라 백성들아   115
주님 한 분 만으로   131
주를 향한 나의 맘   134
하나님 만으로 만족합니다   155
하늘을 봐   41
하늘의 소망을 품고 사는 사람   70
하늘의 영광을 다 버리고   157
할렐루야 Echo   78
할렐루야 그 성소에서   160
힘든 일 있었나요   166

Am

성령님 오시옵소서   69

D

나는 자유해   48
나로 주님의   12
나의 기도   29

나의 맘 받으소서   19
나 이제 돌아가   26
내가 주님께 구하나   29
내 안과 밖 정결하게   42
놀라우신 주의 은혜   47
눈 먼자 보게해   48
만드소서 내 삶을   42
모든것이 주께로 났으니   57
부끄러운 나의모습   65
사랑의 열매   129
영광이 열방에   83
예수의 사랑이   91
오직 주님만   95
오직 주의 은혜로   97
우릴 사랑하사   108
주는 나의 승리   108
주는 내 목자시니   123
주님의 사랑이   129
주님이 부르신 곳   130
주 보혈 나를 덮었네   137
주여 주 예수여   139
주의 집에 거하는 자   145
주 자비 춤추게 하네   148
춤추는 세대   148
하나님께로   152
하나님 온 맘으로   156

E

감사하세 하나님께   1
감사함으로   79
교회   7
교회는 주님의 몸   7
기적이 일어나네   103
나는 자유해   30
나를 부르신   13
나를 향한 주님의 사랑   14

나 주앞에 서있네   27
내가 주 찬송하리   30
내가 초라한 것이   31
내려놓게 하소서   33
내 마음을 가득 채운   35
내 삶의 유일한 자랑   38
내 영혼 주님을 만날 때   46
믿음으로   13
믿음의 담대함 주신   60
보혈 흐르는 주 발아래   64
새 노래로 노래하리   66
신령과 진정으로   133
십자가 아래   64
아침 햇살 가득   77
여호와를 즐거이 불러   79
영광 향한 주의 열정   84
예수님의 눈으로   87
예수님처럼   31
온 땅위에 모든 사람들   101
우리의 찬송 중에 임하신 주님   103
우리 주 이름으로 모였으니   106
우리 찬양 향기되게 하시고   107
우린 이겼네   1
일어서리   60
주님과 함께 못 박힌   125
주님께 감사드리라   126
주님 발 앞에 엎드려   127
주를 위해 살아가는   135
주를 찬양해   133
주의 복음을   125
찬양의 이유   77
하나님 날 위해   154

주 은혜 놀라운 사랑   140
주의 선하심과 인자하심을   142
주의 장막에서   144

F

거룩 거룩 거룩 하신 주   4
거룩 존귀   4
길을 여는 자   17
나의 길 보이지 않아서   17
나의 주님은   22
나의 하나님   25
나의 하나님 오직 주님만   25
내 기쁨 되신 주   132
내 마음 주께 드려   34
바람을 따라서   61
바람이 불어온다   61
여호와 영광이 온 세상 가득하게   80
예수님은 나의 반석   85
왕 되신 주 앞에 나 나아갑니다   162
잃어버린 나의 눈물을   117
주님을 더욱   128
주를 영원히 송축해   132
주 사랑하는 마음   138
주의 아름다운 처소   143
주의 한결같은 사랑이   146
크신 주의 사랑   34
햇살보다 밝게 빛나는   162
회복시키소서   117

Eb

사랑의 왕   140
예수 안에 소망있네   89

G

가난한 마음 가지고   2
가장 행복한 사람   67
거룩하신 전능의 주   3
그날을 기다리는가   10
그 놀라운 사랑   93

그 사랑 얼마나	49
기쁨의 노래	119
나는 주만 높이리	11
나 여기	15
나 오늘도 걷네	16
나의 영혼 간절히	20
나의 영혼의 힘이 되신 주	21
날 채워주소서	28
내 영혼 소생시키시고	44
높고 놀라우신 주	110
다윗의 노래	44
다 표현 못해도	49
당신은 하나님의 거룩한 성전	51
들으라 큰 물의 박수소리	50
많이 힘든것 알아	55
부족함 이를 데 없는	67
시온의 영광이 빛나는 아침	74
약속의 땅을 향해	16
영광의 주님 앞에	82
예수 내 영혼의 사랑	86
예수보다 더 큰 사랑	88
예수 예수 거룩한	90
예수의 이름 부를 때	92
예수의 이름이	93
온 땅 다스리시는 주님	98
왕되신 나의 주님	100
외쳐 부르네	50
우리는 주의 거룩한	104
위대하신 전능의 주	110
전능의 주 얼굴 구하며	118
정상을 넘어	55
주가 지으신 주의 날에	119
주가 하시리	120
주가 하시리라	120
주 계신 곳 나아갈 때	121
주 보좌앞에서	136
주 사랑 놀라와	161
주 사랑으로	121
주 임재하시는 곳에	147
찬양 중에 눈을 들어	149
하나님 그 임재 앞에	151
하늘 가족 우리 교회	104
하루 하루	20
할렐루야 할렐루야	161
호산나	149
호산나	82

Em

주의 나라에는 참 생명있네	141
하나님 나라	141

A

거룩하신 주	114
거룩하신 주 예수	5
거룩한 보좌에 계신 주	5
교회를 부흥시키소서	73
그대는 하나님의	9
그 이름	76
기도의 집	113
나의 달려갈 길과	18
내 마음 다해	32
내 모든 것 나의 생명까지	36
내 삶의 목적이신 주	39
내 생명다해	40
내 주는 구원의 주	58
만방의 족속들아	54
모든이들 필요해	58
목적이 이끄는 삶	39
보혈 세상의 모든	62
새힘 얻으리	68
소망 없는 세대가운데	73
아버지의 놀라운 사랑	75

아버지의 눈물 75
아침이 밝아 올때에 76
열방 민족을 향한 81
예수 피밖에 62
오직 주만 164
오 하나님 온 땅 위에 96
온 세계 지으신 창조의 하나님 99
왕의 왕 예수 81
이 곳 만민의 기도의 집 113
이 시간 이곳에 모인 우리들 111
이제 우리 함께 모여서 112
일어나 두손들고 114
주께 구했던 한가지 소망 122
주 임재 안에서 36
축제의 예배 153
하나님께서 휘바람 불어 153
하나님의 마음에 합한 사람 9
하늘에 계신 아버지 159
홀로 위대하신 주 164
흰눈보다 더 165

F#m

소리쳐 주를 찬양하고 72
온세상에 전하리라 72
하나님의 나라 진동치 않네 158

Ab

광대하신 주님 124
나를 받으소서 94
내 안에 주를 향한 이노래 43
내 영혼이 은총입어 45
아름다우신 43
오 오 주님 94
주님 광대하신 주 이름 124
주님의 뜻대로 150

태초부터 150

B

기쁨의 예배 71
내 삶에 소망 내가 바라는 한 분 37
떡과 잔을 주시며 52
무너진 내 맘에 59
받아주소서 116
세상이 줄 수없는 71
예수 닮기를 37
잃은 영혼 구원 얻으며 116
주의 나라 오리라 59

Bb

나의 주 하나님 한없는 그 사랑 23
멈출 수 없는 사랑 56
우상을 섬기며 109
주님 사랑합니다 23
허리를 숙여 돌을 주으라 163
회개의 노래 109

감사하세 하나님께

(우린 이겼네 / We Have Overcome)

Meleasa Houghton & Israel Houghton

감사-하세 - 하 나-님께 -항 상승리 - 케하-시니
감 사-하세 - 승리-주신 - 하나님께 - 예-
감 사-하세 - 하 나-님께 -항 상승리 -케하-시니
감 사-하세 - 하 나-님께 - - - - - 우린이-겼네
- 할 렐루 -야 할렐루 -야 - 우린 이-겼 네
- 그 이름 -의권-세로 - - - 예수 그-이름
- 할 렐루 -야 할렐루 -야 우 리 길예-비하
- 션네 - 다 승 -리 하-도록 Oh - - Oh - -
- Yeah - Oh - - Oh - -
감 사-하세 감 사-하세 - 하 나-님께
Oh - - Oh - - 주이름으로우린 -승리를얻었네
- -Oh - - Oh - - 승리의함성을소 리높여-외치세
우 린승리했네 모든것 이다 주 께 있 -네
우린승리했네 모든것이다 주께 오 승리는우-리것-
승리는우-리 것 - 승 리는우-리 것 -
- - - - 우린 이 - 겼 네
- 할렐루 -야 할 렐루-야- 우린이-겼네
- 그 이름 -의권-세로 - - - 예수그-이름
- 할렐루 -야 할렐루-야 우리 길예-비하
- 션네 - 예 비하 -션네- 우 리 길예-비하
- 션네 - 다승 -리하-도록 Oh - - Oh - -
- Oh - - - - - Oh - - Oh - -
- Oh - - - - - Oh - - Oh - -
Oh - - - - - - - - - - - - Oh - - Oh - -
- 우린 이 - 겼 네 - -

2 가난한 마음 가지고

민호기

가 난한 - 마음 가지고 - 겸손히 - 주앞 - 에나 - 갈때
- 내 모습 - 있는 그대로 - 받으사 - 는주 - 님의 - 사랑
- 변함 없 는주님 - 그 크 신사랑 - 그품에 - 날안아주시 네
주님 만 이 - 내모든 - 것 - 오 신실하신주님 의사 랑

3 거룩하신 전능의 주

(You are holy)

Mark Imboden & Tammi Rhoton

거룩 하 -신 - 전능 의 -주 - 찬양 받 -기 -
합당하 -신 주 나의 평 -생 - 주님 만 -을 -
사랑 하 -며 - 따르리 라
찬양 하 -며 - 경 배 하리 - 귀 하 -신 - 만 왕 의 -왕 주님
모든 주의 -주 - 모든 왕와 왕 - 전능 하신 -분 - 만물 의 -주 -인 주는
앞 -에 -엎 드 -려 - 사랑 하 -며 - 높 이 - -리 찬양
임마누 -엘위대 하신 -분 - 어린 양되 -신 - 평 - 화 의 -왕 살아
하 -며 -경 배 하리 - 귀 하 -신 - 만 왕 의 -왕 주님
계신 -주 - 구원 의은 -혜 - 영원 히다 -스 -릴창조 의근 -원자 나의
앞 -에 - 엎 드 -려 - 사랑 하 -며 - 높 이 - -리 나의
알파 오메가 처 음과 -나중 나의 구원 메시야친 구되 -신 -분 나의
일생 -을 - 주만 위 해살리 라 거룩
라 찬양 라 나 의 일생 -을 - 주만 위해살리 라
(모든)
워 - - 워 - - 워 - - -

4 거룩 거룩 거룩하신 주

(거룩 존귀)

민호기

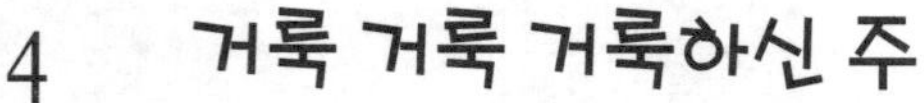

거룩 거 -룩 거룩 하 신주 - 주님은 홀로
거 -룩 - 존 - 귀 존 귀 하 신주
주 앞에 - 내가 섭 니 다 -
거 룩 거 룩 거 룩 하 신주 -
존 귀오 존 귀 존귀 하 신 주 -거룩

5 거룩한 보좌에 계신 주

(거룩하신 주 예수)

민호기

A2
거룩한 보좌 -에-계-신-주 -
우리의 소망 -이-되-신-주 -
1.F#m   B7   E7
그 이름 높 -여-찬-양-해 -
2.F#m   B7   E7
영원히 -다 -스-리-소-서 -   거룩
A2   F#m
거룩하-신-주 - 영광 중 에계-신-주 - 홀로
D   F#m   E   A2
존귀하-신-주 - 찬 - -양 거룩 거룩하-신 -주
A2   A/G   F#m
- 영광 중 에계-신-주 - 홀로 존귀하-신 -주
F#m   D2   A/C#   D2   D/E   A2
- 찬 양 받-으실분 -   예 수

6 거리마다 기쁨으로

(Hear Our Praises)

Reuben Morgan

C   Csus4   C   G/B
거 리 마 -다 기 -쁨으 -로 -
십 자 가 -앞에 -행할 -때 -
Am   F   Gsus4   G
춤 을 추 -게하 -시고 -
주 의빛 -비추 -시고 -
C   Csus4   C   G/B
주 의백 -성기 -도할 -때 -
물 이바 -다덮 -음같 -이 -
C   F   Gsus4   G
이 땅회 -복하 -소서 -   산 위
주 영광 -채우 -소서 -
C   G/B   F/A
에 서 -   계 곡 까 지 -   우 리
Am7   Em7   F   Gsus4   Csus4/G
찬 양 -   울 리 네   하 늘
C   G/B   F/A
에 서 -   열 방 까 지 -   우 리
Am7   Em7   F   1. last time Gsus4   C
노 래 -   가 득 하 네 -
Csus4   C   Csus4   D.C.   2. Gsus4
- 산 위
3. Gsus4   C   Csus4   C   Csus4
-    할 렐
F   Dm7   Am7   Em7
루 야 -   할 렐 루 -야 -   할 렐
F   Dm7   Gsus4   1, 2, 3. G   4. G   Gsus4
루 야 -   할 렐 루 야 - -   할 렐 -   산 위
D.S.

7 교회는 주님의 몸

(교회)

이길승

교 회는- 주 님 의몸- 그 머 리 는- 예-수 - 세
교 회는- 주 님 의몸- 그 머 리 는- 예-수 - 내
상 의어- 떤힘 -이- 무너 뜨릴-수- 없네 -
삶 의주- 인이 -시니 나도 주님-의- 교회 -
교 회가- 서 있 는곳- 늘 계 시는- 예-수 - 세
교 회가- 서 있 는곳- 늘 계 시는- 예-수 - 내
상 그어- 떤이 -도- 그를 만 날 수 있네 -
안 에그- 가계 -셔- 당 신 을부 르네 -
- 교회로 옵 니다 - 예 수님계-신-곳
- 교회가 갑 니다 - 내 몸 이갑-니-다
- 교회로 옵 니다 - 난 주 가필- 요해
- 교회가 갑 니다 - 당 신 을불- 러요
- 교회로 옵 니다 - 예 수님계-신-곳
- 교회가 갑 니다 - 내 몸 이갑-니-다
- 교회로 옵 니다 - 난 주 를만- 나요 -
- 교회가 갑 니다 - 당 신 을찾- 아요 -
- 예 수 - - - 예 수
- - -

8 구원의 반석

Kevin Singleton

구 원의- 반 석 주 나의반- 석찬 -양 -
오 주 님께- 영광 -
Fine
주를높- 이 리 그 의이름- 영 원- 히- 주를높- 이리 거
룩 한손- 들고 주를높- 이 리 그 의이름- 영원- 히-
나 는 주 를높- 이 리
주 내 반석과힘 내 산 성내피난 처
주 밖에누구를두 려워하리 -
D.C.

9 그대는 하나님의

(하나님의 마음에 합한 사람)

설경욱

그대는- 하나님의 - 마음에- 합한사람 -
그 대로인해- 세상은 - 주를 알리라- 생명되신예수님 -
주를보리라- -
소망되신예수님 - 나의뜻다 - 이루리라- 내 너를통하여- 너의
중심을- 내가- 알고 있노라- - 나의뜻다 - 이루 리라- 내
너를사용해- 온 열방에- 빛을비추-- 리라 -

10 그날을 기다리는가

이길승

그날-을기다-리 는가-   참으-로기다-리 는가-
약속-하셨던- 끝날-을우린- 기다-리는가- -
- 구 원 의 소 -식 이   - 땅 끝 에 이 -르 고
- 새 하 늘 새 -땅 이   - 드 러 나 게 -되 고
- 포 로 된 자 -녀 들   - 돌 아 오 게 -되 는- 그 날
- 만 물 이 새 -롭 게   - 질 서 를 되 -찾 는- 그 날
- 기 쁨 과 슬 -픔 이   - 갈 라 서 게 -되 는- 그 날
- 알 곡 과 쭉 -정 이   - 나 눠 지 게 -되 는- 그 날
- 하 늘 의 통 -치 가   - 온 땅 에 이 -르 고
- 감 추 인 모 -든 것   - 밝 히 알 게 -되 고
- 기 쁜 -날 - -기 쁜 -날 - -모 두 에 게
- 모 두 에 게 -기 쁜- 날 될 수 있 도 록- 좁 은- 길
- -주 의 -길 - -주 님 나 라 -임 할 때 까 지
- 십 자- 가 증 인- 으 로 매- 일 걸 어- 가 리

11 나는 주만 높이리
(Only A God Like You)

Tommy Walker

나 는 주 만높- 이 리 -   결 코 내 맘 변 -치 않 -네- 세 상
모 든 권 -세 모 -든 영 -광 십 -자 가 앞 에 다 버 -리 고 -나 의
충 성 과 -내 헌 -신- 내 모 든 소 망 오 -직 예 -수 -나 무
에 달 려 -죽 으 -신 그 -분 께 -
오 직 우 리 주 --께 - 내 믿 음 -소 망 찬 양 받 기 -합 당 한 분 또
오 직 만 왕 -의 왕 께 - 엎 드 려 -경 배 하 며 모 -두 드 리 리
- 두 드 리 리 나 를 지 으 시 -고 아 버 -지 되 시 -며 나 를 구 원 하 -사 하 늘
- 의 상 주 -실 오 직 우 리 주 -님 께 -나 찬 양 하 리 -
오 직 우 리 주 -께 오 직 우 리 주 -께 오 직 우 리 주- 께 -

나로 주님의

박지영

나 로 주 님의 생 수의강-물이- -넘
주 님의 한 없는기-쁨이- -넘

쳐나-도록 -나를 사용하-소서-주님의 마 음을
쳐나-도록 -내 게임하-소서-주님의 말 씀이 날

담을수-있는- -겸 손의-그릇으-로 빚어주소서- 나로
새롭게-하여- -성 령의-능력으-로

살게하-소서- 주 님이-내안에-내 가 주님-안에- 온

전 히- 거할수있-도 록 나 주님- 의가 지되-어

살 게하-소 서- 주는 나 의-주인 - -

나를부르신

(믿음으로)

심종호

나를부르신 - 신실하 -신 주하나님 - - -

그인도 하심 - 믿음으 -로 따라가리 -

- 나의힘과 -방-법- 모 -든-것-내-려 -놓-고-

믿음 으 -로- 주만따라가리 -

나의작은 -믿-음- 나 -의-삶-작-은 -걸-음-

오- 주 -님- 사용하소서 -

나는믿 -음-으-로-보 -네- 나를인

-도-하-시-는 -주- 나는믿 -음-으-로-걷 -네 주말씀따라

- - - 나는믿 -주- 나는믿 -음-으-로-걷

-네 -주말씀따라 - 나의힘과 오- 주

-님- 사용하소서 - 오- 주

-님- 사용하소서 -

나를부 르신 - 신 실하 -신 주하나님 - - -

그인도 하심 - 믿음으 -로따라가리 - 믿음으

- 로 따라가리 - 믿음으 -로 따라가리 -

14 나를 향한 주님의 사랑

주영광

나를 향한 -주의- 사랑 - 산 과 바다-에 넘-치니
-내 마음 열 때 주님 나 에게 참 자유 주-셨 네
- 늘 진 리속-에 거- 하며 - 나 의 손을-높 이- 들고
- 언 제 나 주 님 의 사 랑 을 노 래 하 리 -
주의 사랑 노래 - 하 - 리 - 라 - 영원 토록 노래
- 하 - 리 - 라 주의 사랑 노래 - 하 - 리 - 라 -
영 원 토 록 노래 - 하 - 리 - 라 - 영원 토록 노래
- 하 - 리 - 라 - 내가 춤 - 을 출 때
다 비웃 겠 - 지만 - - 그 들도 주 - 알
게 되면- 함께 기뻐 -춤 -을 추게 -되 리 -
영 원 토 록 노래 - 하 - 리 - 라 - -

15 나 여기

(To You)

Darlene Zshech

나 여기 - 주의 손 -안에서 - 있네 -
내 맘에 -새 -겨 - - -진 그 언약 -위 에 -
내 삶을 - 주님께 - 드 립 니 다 -
주 의 자 -녀 - 삼으 - -사 구 속 하 -셨 -네 -
이 - 제 - 나 - 는 주 - 의 - 것 -주 성 령
- 주 의 말씀과 -진 -리 -더 깊이 - 주 알 기원 - - -하 - 는
내 소 - 망 - 왕 되신 - 주 -이름 -앞 에 손들고
- 주를 송축합 - 니 -다 -온 마음 - 다 하 여 더
- 욱 - 주 사 랑 -해 - 나 는 주 의 것 -

16 나 오늘도 걷네
(약속의 땅을 향해)

김영표

나 오늘도-걷네 - 그 약속-의 땅 -
주 함께하-시니 - 두렵지-않네 -
그 주님의-말씀 - 약속의-그 땅 - 바라보-면서 -
주 달린십-자가 - 내 삶의-능력 - 되었네 주님
만 증거하-리라 - 내 모든삶을 통해 주님
만 따라가-리라 - 약 속의땅을 향 해

17 나의 길 보이지 않아서
(길을 여는 자)

조영준

나의길 - 보이 지않-아서 - 나 이
길 - 잠을 못이-뤄도 - 나 이길 포기할
수 없는건 - 나의길 이-기 에 나 의
길 - 방향을잃-어 서 - 나 이 길-배고플지-라도
- 나 이 길 돌아갈 수 없는건-
나 의길 이-기 에 나이렇게 - 모든걸
걸 고서나이렇게 - 기도를 쏟 으리 나의선택
에 후회할수 없는건 나의길 이-기
에 나 이렇게 - 남은힘을 모두 나이렇게
- 눈물로 쏟 으리 나가는이 길 길이없
다 해도 이길내 길이 기 에

18 나의 달려갈 길과

윤주형

나의달-려갈-길-과 - - 오직 주향한-믿음-지키기
원하네- 믿음의-주요-우릴 - - - - - 온전
케하실-예수-만보-리- 십 자 가 - 를 참으시-고-우릴
구원하-신주를위-해 나무엇으-로-그은혜 보답할까- 예수-
의 심장으-로- 살든 지죽든- 지오직주만 온 땅가운-데-존귀
케 되도록 - - 내가 선한싸-움다 싸우고
- - 나의달려갈- 길을마치고- 나를위해
- 예비하신- 의 의면류관 주앞에-서받아쓰리
라 - 내가 선한싸-움다싸우고- - 나의
달려갈- 길을마치고- 영원토록- 보좌앞에
영광중에 기쁨으-로경배드리리 -
Bridge
땅끝까지복음이전해질때까지- 증인된삶-을결코쉬지않으-리-
땅끝까지복음이전해질때까지- 증인된삶-을결코쉬지않으-리-

19 나의 맘 받으소서
(My heart, Your home)

Nathan & Christy Nockels

나의맘 받으-소-서- - - 오셔서 주님의-처소삼으-소서
- 나의- 전부이- 신 주여내맘을
- 받아주소-서- 나의맘 - 오 나의맘을
- - - - 주님께열었 - - -으니
- 주여내게-오-셔서- 내맘에-거하-여주-옵소-서 주가
기뻐하는- 주 의성전 되게하소서 나의맘- 주여내맘을
- 받아주소-서- 주여내맘을- 받아주소-서-

20 나의 영혼 간절히

(하루 하루)

이천

나의영혼간-절히 - 원하고-있네 -
나의마음깊-숙히 -
주의사랑속-에서 - 사 는것 - -
주와함께영-원히 -
멀-리서주-님을 바라 보고만있지않 -고-
내-맘을움-직여 주님께 가까이 - -
하 루하루 더가까이 주님앞에 나아가리
주의사랑 - 주의은혜 - 내 맘가-득-채우소-서-
주의마음 - 주의얼굴 -
닮아가-는-그 날까-지-가리 - -

21 나의 영혼의 힘이 되신 주

이천

나의영-혼의- 힘이되-신주- -주만 이 -내전부이-시라
- 오 직내-맘에- -주 님만모-시리- -세상
누 구도- 내기쁨아-니네 - 주님만 을사랑-토록- 내영혼
창 조되-었 네- -어디 에있든-지 나 의맘-엔
주 가계-시 네- 주님만 을사랑-토록- 내 영혼
창조되-었네- -내모든 것 아낌없-이드리- 리- -

22 나의 주님은

윤주형

나 의주님 은 - 변 함없이 신 실하신분-
사 랑한다 고 - 여 전히말 씀하네 -
나 의주님 은 - 눈물골짜 기 지날 때에-
품 에안으 사 - 위-로해주 시 네 -
언 제나늘 언 제나늘 내 곁에계 시 네 -
사 랑한다 사 랑한다 날 불러 주시네 -

23 나의 주 하나님
(주님 사랑합니다)

심종호 & 최영호

나의 주하나님- 한없 는그사랑- 언제나 나를인도하-시네
- 나 의모든생각- 주님아- 시니- 겸손히- 주께- 나갑니다
- 나의 주아버지- 변함 없는사랑- 언제
주하나님- 변함 없는사랑- 언제
나 나를바라보-시-네- 연약 한 나의모-습
나 나와동 행하-시-네- 내안 에 주님의-뜻
있 는그- 대로 주앞에- 나엎-드립-니 다 주님
이 루시-는 주 주님을-더알-기원-하 네
날만드-소서 주님 의방법-으로 아 버지의-마음- 그
사 랑알-도록- 내안 에선하-신뜻 온전 히이루-시 는
주 님을찬 - 양합니다 -

24 나의 피난처 예수

Herlin Pirena

나의 피난처 -예수-의지해 요   나의 피난처 - 예수-의지해
나는 영원히-주님-사랑해 요   나는 영원히-주님-사랑해
-요- - 나의가는길 - 에 거센바-람 몰아쳐-와도- 나의
-요- - 세상어떤것 -도 나의사-랑 끊을수-없네- 나는
피 난처 - 예수 - 의지해 요   요 아바 아 버지 나를
영 원히-주님 - 사랑 해
사 랑하시니 나의 모든것 주께드려 요   아바 아버지 내가
여 기있으니 주님 영광위하 여 써주세 요
교 회위하 여 써주세 요
나 라위하 여 써주세 요

25 나의 하나님 오직 주님만
(나의 하나님)

김준영 & 심종호

나 의하나님- 오 직 주님만- 나 바라봅- 니-다
나 의하나님- 오 직 주님만- 나 바라봅- 니-다
- 나 의모든생각- 두렴 과슬픔-근심- 모
- 나 의모든행복- 자랑 과기쁨-모두- 주
두 내려- 놓고 -   날 위해
님 의발- 앞에 -   주 님의
Fine
- 구 하-던- 모 든것 내려놓고 -
- 자 비-와- 긍 휼을 베푸소서 -
오직주님 한분만 - 바라보 - 게하- 소서 -
말씀으로 채우소서- 주를닮 - 아가- 도록 -
D.C.

26 나 이제 돌아가

박기범 & 이지음, 김두남

나 이제돌-아가 - 내삶으로-주를 - 예배합-니다 -
늘 정직함-으로 - 또진실함-으로 - 나를드립-니다 -
나를더잘아시는 - 주님- 나도 주님 더알기원
해 요 마르지않-는주의 자비하심- 주의
품 안 에 서 나 노 래 하 네
나의삶의- 모든순간이- 아름다운- 노래되어-
나의삶의- 모든순간이- 향기로운- 예배되어-
가 장귀 한 - 나 의주님- 찬 양하며-
가 장귀 한 - 나 의주님- 사 랑하며-
살아가리 -
살아가리 - 살아가리-주 안 -에-

27 나 주앞에 서있네

윤주형

나 주앞에- 서있-네 있는모습그대-로-
나 주앞에- 서있-네 있는모습그대-로- 로-주
보 좌앞에 영원히 거하기원하-네 -
시 온 의 대 로같은 주향한 내마-음 주의임재
로 주의임재로 주의임재로 충만케하- 사 -
존 귀 하 신 주 의영광 나 볼 수 있 도-록 -

28 날 채워주소서

양승훈

날채워주소 서 날만져주소서 날일으키소 서지금이시 간 끝없는
- 주님의 생 명수로- 나의 영혼에- 부으소 서 날채워주소
서 날만져주소 서 날일으키소 서 주볼수있 게 세상의
- 누구도 채울수없는- 나의 마음을- 채우-소 서

29 내가 주님께 구하나

(나의 기도)

장세원 & 장세원/신국화

내가주님께구 - 하나 - 나의약함을아 - 시니 - 주
긍 휼 - 내게 비 - 추소서 -
나의헛된맘버 - 리니 - 주여진실케하 - 소서 - 나
의 삶 - 주 로 인해 - 승리케 - - 하소서 - 내눈을열
- 어주 - 소서 - 내맘을만 - 져주 - 소서 - 모든것주
- 님께 내 려 놓고 - 나 아 가 리 - - 나의구원
- 자되 - 시니 - 모든소망 - 주께 - 있네 - 내안의
- 기쁨 - 참된 기쁨 - 깨 우 소 서 -
- 나 의 주

30 내가 주 찬송하리

(나는 자유해)

심형진

내가 주 - 찬송 - 하리 - 높고 영 - 화로 - 운주
- 말과 적 - 군 을 - 이겼네 - -
능치 못 - 함없 - 으신 - 나를구 - 원하 - 신주
- 그 는 나 - 의 - 하나님 - -
기 - 뻐하며 - - 자유를 - - 선포해 -
승 - 리하신 - 주님께 - 외치세 -
나 는 자 - 유 해 - 나 는 기 - 뻐 해 -
주안 에 - 서 나 - 뛰놀리 - -

31 내가 초라한 것이
(예수님처럼)

유은성

내가초라한것이 - 연 약 한것이 모 두 은혜입 -니다 그러기
내가모자란것이 - 부 족 한것이 모 두 은혜입 -니다
에 더욱 주님 - 만을 바라보게 - 되 - 죠
닮 아 가 길 - 원 하 죠 예 수 님 처 럼 - 겸 손 - 한
삶 나 는 - 없 고 오 직 십 자 가 - 만 드 러 내 - 는 삶 - - 나
의삶 - 도 십자 가뒤 - 에 가리우고 - 예수님 만 드러내길원 - 해
요 예 수 님 처 럼 - 섬 기 - 는 삶 나 는 - 없
고 오 직 하 나님 - 만 드 러 내 - 는 삶 - - 내 삶 속 에 - 하 나 님 으 - 로
가 득 차 는 - 예 수 님 처 럼 살 기 를 원 - 해 요

32 내 마음 다해
(My Heart Sings Praises)

Russell Fragar

내 마 음 다 해 - 주 이 름 찬 양 - 해 -
주 사 랑 깊 어 - - - 말 로 다 못 하
네 주 앞 서 가 며 - 길 을 만 드 시 - 네 -
오 직 내 갈 망 - - - 영 원 히 주 찬 양
내 맘 에 힘 이 되 신 - 주 - 영 원 한 - 빛 이 되 - 신 주
- 내 모 든 호 흡 이 주 의 행 하 - 심 찬 - 양 해 -
주 는 위 대 한 통 치 - - 자 - 내 모 든 것 주 께 순 복 해
- 내 삶 을 주 의 불 로 - 채 우 - 소 서 -

33 내려놓게 하소서

김영표

내 려 놓 게 하 소 서 - 주 님 닮 아 가 도 록 - 마 음
껏 쓰 시 도 록 - 내 려 놓 게 하 소 서 -

34 내 마음 주께 드려

(크신 주의 사랑)

Bart Millard & Peter Kipley

내마-음- 주께드려- 주님을노-래 -해-
온맘-과- 영혼-이- 찬양해-왕 -께-
새벽-을 깨우-며- 주님을 ---- 찬양하리 ----
크신-주의사 -랑- 하늘위 -에광-대하-신-- 주
신실하-심궁-창에미치네-- 크신 -주의사 -랑- 하늘위
-에광-대하-신-- 주 님의영-광온-땅-- 위에-
그크 -신사-랑 -
내영-혼- 찬양-해- 영광의왕-주 -께-
주님 -의- 위엄-은- 영원 ---하 -리-
주발-앞 에나-와- 찬양해 ---- 주님께 ----
하늘위 -에주-여 높이들 리소-서- (들 리 소-서-)
주님의 -영광-이 모든세 계위-에 -(세계위-에-)Let it re
-ign Let it re -ign - Let it reign - -- Let it re-
ign Let it re -ign - Let it reign -

D.S. al Coda

그크 -신 사-랑 -

Fine

35 내 마음을 가득 채운

(내 마음을 가득 채운 주 향한 찬양과 사랑 / Here i am again)

Tommy Walker

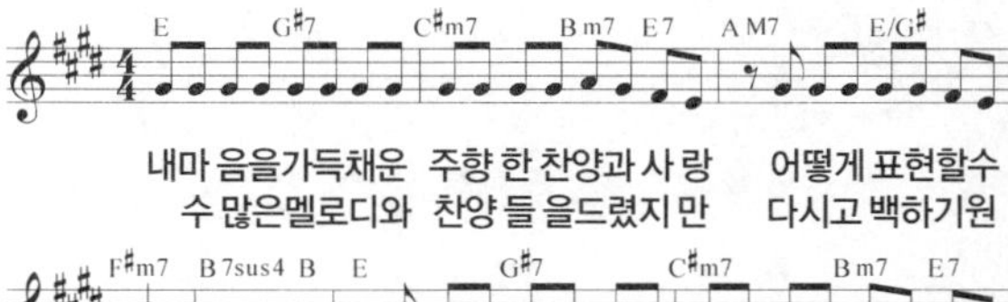

내마 음을가득채운 주향 한 찬양과 사랑 어떻게 표현할수
수 많은멜로디와 찬양 들 을드렸지만 다시고 백하기원

있 나 수많은찬양 들로 그맘표현할길없어
하 네 주님은나의 사랑 삶의중심되시오니

다 시고백합 니 다 - 주 사
주를찬양합 니 다 -

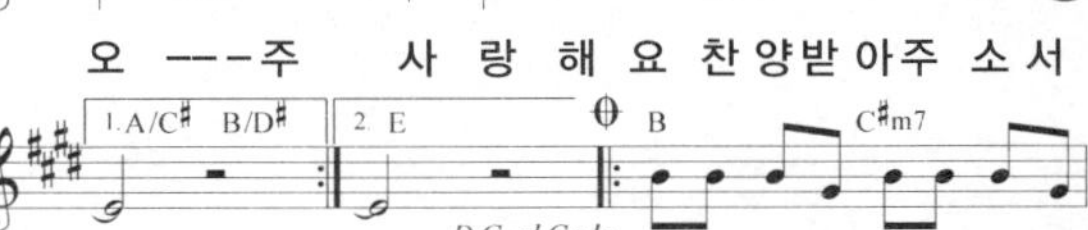

랑 해 요 온맘다하여 말로다-할수-없어-

오 ---주 사 랑 해 요 찬양받 아주 소 서

D.C. al Coda

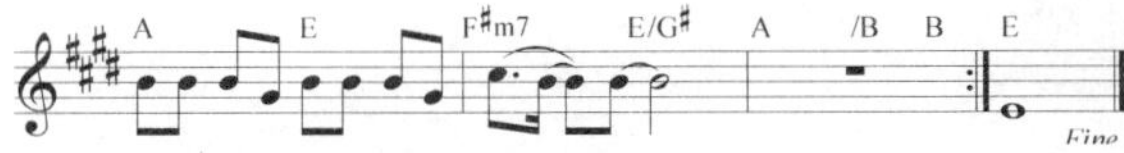

- - 주님 사 랑 다시고 백
하 는새 날주심감사 해 -- 요-
하 는찬 양주심감사 해 -- 요-

Fine

36 내 모든 것 나의 생명까지
(주 임재 안에서)
설경욱
내 모든 것 - - 나의 생명 - 까지
다 주 님 앞에 - - 드립니다
주 임재 안에서 - 이제 내 영혼 - 자
유 - 해 - 내가 주의 거룩 한 이 름 을 높이 며
예 배 하 리 어린 - 양 찬양 하 리 - - 내
평 생그하나로 - 충 분해요 - - 어 린 - 양 찬양
하 리 - - 내 가 주의 임재 안 에 서

37 내 삶의 소망
(예수 닮기를)
심형진
내 삶의 소망 - 내가바라는 - 한 분
온 유 하 시고 - 겸손하신 - - 성 품
예수 - 닮기를 - 내가 - 원하네 - 한없는 사랑 -
예수 - 닮기를 - 내가 - 원하네 - 자비하 시고 -
풍성한긍 휼 예수 - 닮가를 - 내가 - 원하 - 네 -
위로자되시 는
예수 - 닮 - 기를 - 예수 - 보 - 기를 - 예 수만 - 높 - 이길 -
내가 - 원하 - 네 - 내평 - 생 - 소원 - 예수 - 닮 - 기를 - 예
수만 - 닮 - 기를 - 내 가 원 - 하 - 네 - 가원 - 하 - 네
Fine
완전하신 예 수 새롭 게하 시 - 네 -
연약한내 영 - 혼 - 온전하게 되 - 리 -
D.S.

38 내 삶의 유일한 자랑

이지음

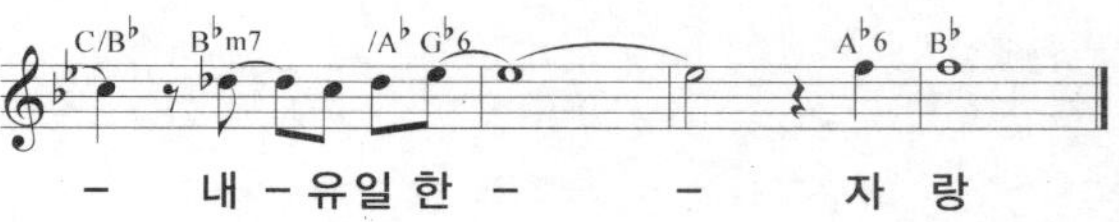

C/B♭ B♭m7 /A♭ G♭6   A♭6 B♭
- 내 - 유일한 - - 자 랑

C♯m7 F♯9/A♯ A m6 E/G♯ C♯m7 F♯9/A♯ A m6
1-3. 내삶의유일 한자 - 랑 -   날사랑한완전한사
4.   이제는정죄 함없 - 네 -   주 안에새생명있

A m6 E/B /D♯ C♯m7 F♯9/A♯ A m6 E G♯7 A7
- 랑 -   그누구도주님과같 - 은이 - 없 네
- 네 -   그이름비교할수 - 없 네 - 예 수

A7 To Coda E 1. 2.E
- 주님만 자랑하리 -   -   무엇과도

A m9 B m7 C M7
- 비교할수없는 - 참 진실 한 - 사랑주신주님

B m7 A m9 B m7
- 그누구도 - 대신줄수없는 - 참 영원 한

C M7 B m7 C m9
- 생명 되신주님 - 그이름은 - 삶의이유되시

D m7 E♭M7 D m7
- 네 주님 만 - 자랑하리 라 -   죽어있던

C m9 D m7 E♭M7
- 내게주신생명 - 부끄럽 지않게 - 살기원하 네

D m7 D.C.
-       살 게 하 소 서

E E m7 A 9/C♯ C m6 G/B
-      이 제 는 정 죄 함없 - 네 -

E m7 A 9/C♯ C m6/E♭ G/D /F♯ E m7 A 9/C♯ C m6
주안에새생 명있 - 네 -   그이름비교할수

C m6 G B7 C7 G
- 없 네 - 예 수 - 주님만 자랑하리 -

G m7 C 9/E E♭m6 B♭/D G m7 C 9/E E♭m6/G♭
이제는정죄함없 - 네 -   주안에새생명있

E m6/G♭ B♭/F /A G m7 C 9/E E♭m6 B♭ D7 E♭7
- 네 -   그이름비교할수 - 없 네 - 예 수

E♭7 B♭ 1. 2.B♭ C/B♭
- 주님만 자랑하리 -   - 내 - 주 님 만

39 내 삶의 목적이신 주

(목적이 이끄는 삶)
이천

A D E A F♯m C♯m D E sus4 E
내 삶의 - 목적이 - 신주 - 주님을따라살 - 게하 - 소서 -
내 영혼 - 구원하 - 신주 - 주의사랑전하 - 게하 - 소서 -

A D E A F♯m7 D 1.E sus4 E
내삶을 - 모 두다 드 - 리니 - 주뜻이루 - 게하 - 소서 -
성령의 크 신능력 - 으로 - 세상을품 - 게하 - 소서

2.E sus4 E A D A D D♯dim E sus4 E
- 주님 만을 따라갑니 다 나의 삶의목적이신 주 주의

A D A D C♯7 F♯m
영광 선포합니 다   하나 님의나라 - 가 이땅 에임하도 - 록

B m E7 A F G C F G A2 Am
나의생명드립니 다   영광의 주 님   다시오실 그날 -
Fine

F G E A m B♭ G/B E sus4 E D.S.
주께서주신 - 사명 이루어 영광을돌리 리라 -   오 주님

40 내 생명다해

박용규

내 생명다해 - 주를 찬 양한-다해도 -
주를향한 - 나의-사-랑 - -모두다 형언치못-하리라
내호흡 다해 - 크 게 외 칠지-라-도 -
주를향한 - 나의-열-정 - -모두다 표현치못-하리라
주를향한 - 나의-사-랑 - - 다 표현치못-하리라
주를향한 - 나의-열-정 - - 다 표현치못-하리라
주를향한 - 나의-사-랑 - - 내 생명다해- 찬양해
주를향한 - 나의-열-정 - - 내 호흡다해-외 치리
경 배 하 리 찬 양 하 리 -
기 뻐 하 리 - 오직-주 - 님만 -

41 내 세상이 끝났을 때

(하늘을 봐)

이동호 & 홍의석

내 세 상이 끝-났-을때 - 두려움과어-두움- 이유모
를 답답-함이-- 내 생 명을- 짖 누를 - 그때 -
포 기하고싶 -어-질 때 - 외로 움과아픔들로--썩어
가는세-상속 에- 무기력 히 내가 던져질 때 - 위-를봐
- 하늘을 바 라봐-- 너의 삶은끝-이아냐-- 아름
다운삶이 있-어 너의 삶을-- 포기 하지 마 하늘위에
- 하늘을 바 라봐-- 주님 께서함-께하시-는 참의
미 의세-상을봐- 너의 눈물닦으시-고용서하 는 예수를봐
- 는-- 예수를봐
죽어가는아이들-의 고 통스-런 슬픔의-소리 - 이제-그 만
- 들었으면 좋 겠네 워--- 만약 하늘-이-
없 다-면 우리는 얼 마나- 답 답하고-괴 로운지- 몰
라 - 너의 는------ 너의
눈물 닦으시-고용서하 는 예수를봐 -

42 내 안과 밖 정결하게

(만드소서 내 삶을)

민호기

내 안과 밖 정결하게 거룩하고 진실하게 주님
닮은 모습으로 만드소서 내 삶을

44 내 영혼 소생시키시고

(다윗의 노래)

민호기

내 영혼 소 -생-시- 키시 -고- -
자기이름 -을-위-하-여 - 의 의 길로-
죽음의 길 - 을걸 - 어갈 - 때- - -
주 말씀 따 - 라-힘-얻-네 - - 주는 반
-석 - 주는 산 -성 - 주는 나 -의 피-난-처 - 주는 내
-빛 - 주는내 -길 - 주님만 -이나-의-힘 - 주는 반
- 두려움 -없-네-두려움 -없- 네-두려움- 없- 네- -

43 내 안에 주를 향한 이 노래

(아름다우신)

심형진

내 안에 -주 를향 한 이 노래 영원한 노래있으 니
십 자가 -그 사랑 찬 양 하리 날구원 하신그사 랑
날 향한 -주 님의 크신 사랑 영 원히찬양 하리 라
내 삶을 -드 려찬 양하 리라
영원히찬양하리 라 영원히찬양 하리 - 라 아름다
놀라우신주의사 랑
우-신- 오놀라 우-신- 형언할 -수없 는-사랑 - 오위대
하-신 - 하나님 의사랑 영원 히 찬양-하리 -
- 주와 같은분-은없 -네-이세상 -그누-구도- 주와
같은분-은없 -네- 누구도 -비길수-없네- 주와 - 아름다

45 내 영혼이 은총입어

L. J. Williams 사, C. H. Gabriel 곡
Bridge Words & Music by 심형진
Arranged by 캠퍼스워십 팀
내영혼 이 -은총입 어 -중한죄 짐 -벗고보 니 -슬픔많
주 의얼굴 -뵙 기전 에 -멀리뵈 던 -하늘나 라 -내맘속
높은산 이 -거친들 이 -초막이 나 -궁궐이 나 -내주예
은 -이세상 도 -천국으 로 -화하도 다 할렐루
에 -이뤄지 니 -날로날 로 -가깝도 다
수 -모신곳 이 -그어디 나 -하늘나 라
야 -찬양하 세 -내모든 죄 -사함받 고 -주예수
와 -동행하 니 -그어디 나 -하늘나 라
라
할 렐-루-야 날 자-유-케하셨 네 -
내모-든- 삶 주예-수-께속했 네 -
하 늘-나-라 모 든-삶- 에임하 네 -
내 모-든-삶 주예-수-께드리 리 - 할렐루
Fine
D.S.
Copyright © 2007 심형진 YWAM Korea.
All rights reserved. Used by permission.

46 내 영혼 주님을 만날 때

(Face Down)

이천
내영혼- -주 님을만날때- 진정한 --생명이 -
주 안에거할때- 난자유 ---하네 -
성 령이-여나를- 무릎꿇-게하소서- 주여날-굴복시키소 서 주
님앞에나엎드립니 다 Face Down - 주께무릎꿇고 --나엎드립니다
--거룩하신주 -님- 주의 ---위엄과-영 광 날굴복
내영 --주만으로-살 고 숨쉬게
시 키네- -Face Down 하소서- - 나엎드립-니 다 -
Copyright © 이천. All rights reserved. Used by permission.

47 놀라우신 주의 은혜

(Grace flows down)

David Bell, Louie Giglio & Rod Padgett

놀라 -우 신 - - - - 주의 -은 혜 - - - - -
주의 -사 랑 - - - - -흘러 -오 네 -
십자 -가에 -달리신 그손 - 과 발 - - - - -
그 은 -혜 가 나를 덮 - 네 -
- 네 - 나를 -덮 -네 - - - - - - 나를 -덮
- 네 - - - - - - 주의 -은 -혜 - - - - - -
- 나를 -덮네 - - - -

48 눈먼자 보게해

(나는 자유해 / I Am Free)

Jon Egan

눈먼 -자보 -게해- 닫힌 -자노 -래해- 죽은 -자일
-어나- 모든 -맘찬 -양해- 어둠 -이걸 -히고-
내영 -혼 외 -쳐 자유해 -
나는 자 - -유해 나는 자 - -유해 나는
춤 - -추네 나는 춤 - -추네 주님
만 위해 -살리 주님 만 위해 -살리 자유 해
자유 해 자유 해 자유 해 -

49 다 표현 못해도
(그 사랑 얼마나)

설경욱

다 표현못해도- 나 표현하리라- 다 고백못해도-나-
고백하리라- 다 알수없어도- 나 알아가리라- 다
닭지못해도- 나- 닮아가리라 - 다
닮아가리라 - 그사 랑얼마나- 아름 다운지- 그사
랑 얼마나- 날 부요케하는지- 그사랑 얼마나- 크고
놀라운지를- 그사 랑 얼마나- 나를 감격 하게하는 지

50 들으라 큰 물의 박수소리
(외쳐 부르네)

이길승

들 으라 큰 물 의박수-소 리 라랄- 랄라랄라
들 으라 산 들 의노랫-소리 라랄- 랄라랄라
바다와 거기 충만한것 - 과 세 계와 그중에
거하는자-들 - 이 - 외쳐부 - 르네-할렐루
-야 외쳐부 - 르네-할렐루 -야 외쳐부
- 르네-할렐루 -야 외쳐부 - 르네-할렐루 -야
온 땅위-에 - 즐거-운- 소리-가 - 득-해 -
온 땅위-에 - 찬송-의 - 소리-가 -득해- -

51 당신은 하나님의 거룩한 성전

이길우

1. 당 신은- 하나 님의 - 거룩한-성 전 - 그안에-주
2. 내 몸은   내안에
3. 우 리는   우리안에
성 령계-시 네- 당신을-통하여서 - 하나님-나라
내삶을
우리를
- 이 땅 위에- 이 뤄 지리 -

52 떡과 잔을 주시며

박기범 & 김두남, 이지윤

떡과잔을주시며-예수께서말씀하시길-이것은나의-몸이-요이것
이제우리주보혈-함입어주앞에나가네-우리를위해-열린-문새로

은나의-피니 받아 먹고--- 나를 기억-하라
운생명-길로 들어 갑니-다-

예배 합니-다- 주가

주신담 대함으로 찬양 합니-다- 놀라운일행하신주님 경배

합니-다- 생명되신주를의지해- 은혜의보-좌앞에

- 거룩하신-주 앞-에--

53 많은 이들 말하고

(다시 복음 앞에)

김영표

많은 이들말-하고- 많은 이들노-래는- 하지-만정
-작- 가진 않는 길- 두려운생각-보다- 많이
힘들고- 험한-길보-단그-저- 말로 만가려-기에- 점
점 멀어-져만 가네- 내게 생명주-었던- 그길
- 점 점 이용-하려 하네- 내게
사 랑주-었던- 그 길 다시복 음앞에- 내영혼
서네- 주님만난그때 나다시 돌아가- 주님께예-배
드 리 며-- 다시 십자가-의길- 걸으리

54 만방의 족속들아

정종원

만 방의족속들아 영광과 권능을- 만방의 족속 들아
권 능있는자들아 거룩한 옷입고- 권능있 는자들아

영광과권능을-여호 와께 돌릴-찌어다- --- 여호
거룩한옷입고-여호 와께 경배할찌어다- --- 여호

와께 돌릴-찌어다-
와께 경배할찌어다-

55 많이 힘든것 알아

(정상을 넘어)

조영준

많이힘든것알 -아 - 얼마 나 참기 힘 드니
언제 쯤 웃었는 - 지 - 기억 은 있 니
많이지친것알 -아 - 더이 상 걷기 힘 드니
길 이없다 고해 -도- 너포 기하-지 마 지금
은 너의 미 래가 빛이 없다고-느낄지몰-라 도 우리
가 알지 못 했던 새 로운빛-이저- 너머에 있 단걸
- 너 -포기하지말 고 너의남 은 산을올 -라
가 이곳은 정상이-아냐- 너도 알잖 아 -너
의정상은 더 원 걸 너 -제발용기를 내 너의날
갤 - 여기서꺾-지 마 조금만 더힘을-내고- 견딜
수 있다 면 - 년 정상 에서웃 을수있 어

56 멈출 수 없는 사랑

김영표

멈 출 수없는 - 사랑- 주소 서 끊을 수없는- 사랑-주소
서 십자 가에-달린 주 님 계시니- 그누 가 이사랑-끊으
리 멈출 수없는-사랑- 주소 서 끊을 수없는-사랑-주소
서 주께 서주신-비전- 그 말씀있으니 주가명하신-이길-걸어가
리 주님 의 나라-영원하 며 주님 의 영광-무궁하
니 나그 네된 나의삶-감 사 하리마음 다해주님을-찬-양
해 -멈출수 없는- 사랑 내 게주소서- 아버 지의 -눈물 그
사 랑을끊을수없는-사랑내 게주소서- 십자가에- 달린그 사랑

57 모든것이 주께로 났으니

윤주형

모든 것 이- - 주께로 났 으니- - 오직
주만- - 찬양받 으소서- - 모든 것 이- - 주께로
났으니- - 오직 주만- - 경배받 으소서-

58 모든 이들 필요해

(내 주는 구원의 주 / Mighty To Save)

Reuben Morgan & Ben Fielding

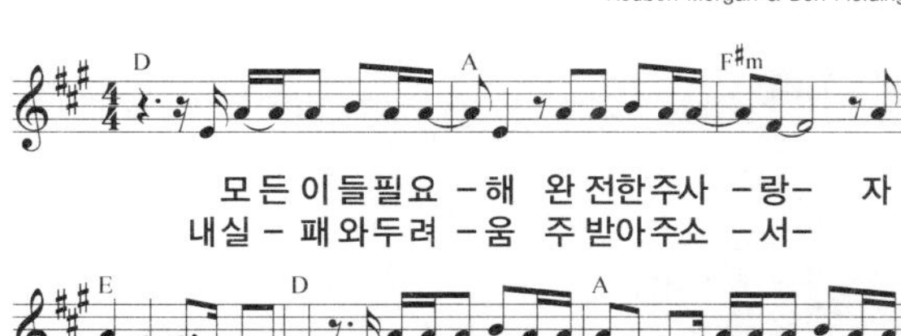

모든 이들필요 -해 완 전한주사 -랑- 자
내실 - 패와두려 -움 주 받아주소 -서-

비 베푸소-서- 모든 이들필요 -해-구세-주의온유
채 우소--서- 내 삶-을주께드 -려- 온 전히주따르

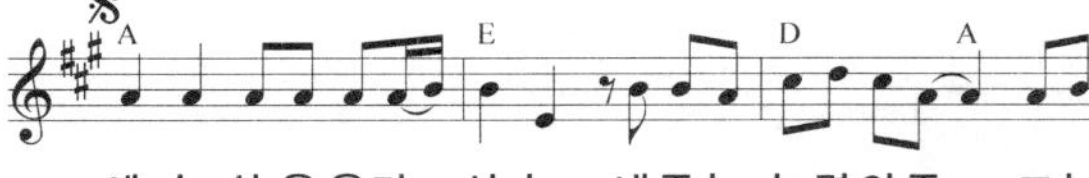

-함- 열 방의소망 -
-리- 주 께순종해 -

예 수 산을옮기- 시 는 내주는 능력의주- 그는

구 원의주- 영 원한 구원의창 조 자 사망을

이 기 시 고 - 예 수 부 활했네 -
Fine

비추소서 주님의빛 - 을 - 찬양 -해
D.C.

다시사신 왕의영광 -을- 예수 비추소서 주님의빛
-을 - 찬양 -해 다시사신 왕의영광 -을-
D.S. al Fine

59 무너진 내 맘에

(주의 나라 오리라 / Oceans Will Part)

Ben Fielding

무너 진 내맘-에- 주사 랑 임하- 네 - 나의
지 나가-고 - 자비 영원하- 네 - 나의

눈을열-어-주보게 - 하시네- 길잃 은날위- 해 -성령
눈을열-어-주보게 - 하시네- 주를 찬양하- 며 -기쁨

간구하- 사 - 나의 눈을열-어-주보게 -하시네- 나의
의 길가- 리 - 나의 눈을열-어-주보게 -하시네- 나의

눈을열-어- 주보게 - 하시-네 주의나 라 오리라
눈을열-어- 주보게 - 하시-네

- 주께서 -부르-실때 - 소망과 - 영광의

Last time to
- 주 의-뜻 - 이루-소--- 서 고난

- 주의나 - 나의 눈을열-어-주보게

-하시네- 나의 눈을열-어-주보게 -하시네- 주의나

라 오리라 - 주께서 -부르-실때 - 소망과

- 영광의 - 주의-뜻 - 이루-소--서 - 주의나

D.S. al Coda
- 이루 - 소 - -서 - 주의-뜻

- 이루 - 소--서 -

60 믿음의 담대함 주신

(일어서리 / Still standing)

Israel Houghton & Cindy Cruse Ratcliff

믿음-의 담 -대함-주신 -
주님-께 내 -삶 드-리 리 리 -
주의 -선 하 -심 바 -라네
내모 -든 소 -망 주-님께
언제-나 곁 -에게 -셔서 - 나 -를 인 -도 하 -여 주
- 시 - 네 - 주님의선하 -심 -주님의은혜 - 지금까
-지 -날 -인도 하 신 주님의자비 -로 - 나고백하며
- 일 -어서 - - -리 - 주님의은혜 -와 주님의사랑
- 나는포 -기-하-지않 으리 주님의자비 -로 나고백하며
- 일 -어 서 - - -리 주님의은 -혜 - 로

61 바람이 불어온다

(바람을 따라서)

조영준

바람이불어 온 -다 주 님의 바 -람 이 - 주
님의 바 -람이 내 마음- 깊 은곳-까 지 -
그 바람 타고 내 맘에 - 들 어와 -버렸네 주님의-
사 랑이 -내마음 깊 은곳-에 주 님이-있 네 -
바람을 따라 서 바람을 따라 서
주님 이 가 는곳-으로 - 나도-가 네 -
바람을따라 서 바람을 따라 서
주님 이 가 라하 -는 곳 - 으로-가 네 -

62 보혈 세상의 모든

(예수 피밖에 / Nothing But The Blood)

Matt Redman

1. 보 혈 세 상의-모 든- 헛 된외침-보다
가 은 혜의-증거- 주 마음알-게해
- 능 력있는- 말씀- 날 의롭다-하-며- 날 보호하-시네
- 우 리길되- 시네- 담 대히나-가네- 세 상의지-않고
- 예 수의-보혈 - 보혈 - 보
- 오 직주보 - 혈로 -
- 우 리 죄 - 를 씻 - 기 고 -
다시 온-전케 -하 는- 예수피 밖에- 예수의피 밖에-
없 -네 우 릴 정-결 케 -하 여-
친구되-게 하 -시 는- 예수피밖에- 예수의 피 밖에
없 -네 2 십 자
없 -네 주 보혈감사해 - 주의
보혈찬양해 - 주의
보혈감사해 - 예수피 밖에- 예수의피 밖- 에
보혈찬양해 -
없 -네 주 없 -네 주의
보 혈 능력 있도다 주의피 믿으오 주의
보 혈 그어린양의 매우귀 중한피로 다 - 주의

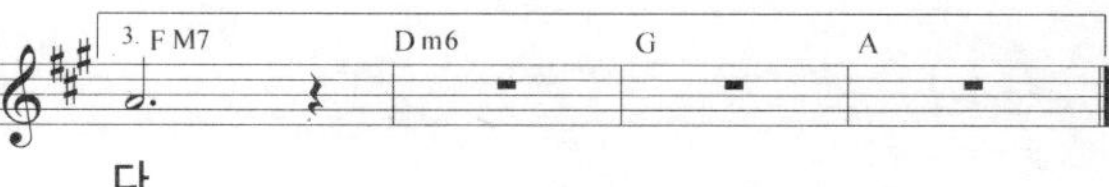

3. F M7 D m6 G A
다

63 보좌에 계신 어린양께

(열방을 내게 주옵소서)

도영준

보 좌에계신 어린 -양께 내삶 -을모두-드립-니 다- 보
좌에계신어린 -양께 내삶 -을드립니다 - 보 열 방을내게
-주 옵소서 - 모든민족을 -주옵 소서 - 모든나 라
- 모든- 방언이 -나 와 주앞에 - 예배 하도록- 아무도능히
-셀 수없 는 - 흰옷을입은 -큰 무 리 가 - 보좌앞 과
- 어린양 앞 에 -서 리 오주님 -곧 오 소서 -

64 보혈 흐르는 주 발아래
(십자가 아래)

이동호 & 장세원

보혈흐-르는주발-아래- 무릎꿇-고엎- 드 립니다
무너진-나 의상한-심령- 주 여 피로씻 으소-서 주예
수 여- 비 오 니- 약한나를들어다-시 세우-소서-오나
의 주- 나 의 왕- 받으-소서- 내영혼 드 리니-

65 부끄러운 나의모습

심종호

부 끄 러운- 나의 - 모습- 있 는그- 대로 - 주
님 앞에- 나갑 --니다- 내 모 습그- 대로 -
부 끄 러운- 나의 - 모습- 있 는그- 대로
- 주 님앞에-나갑 --니다- 내 모 습그- 대로-
아 버 지 - 나 를안아주- 소서 -
주 님을 더욱- 더욱알기-원 해 -
아 버 지 -주 님말씀하- 소서 -
주음성 듣기원해- 주음성 듣기원해-
아 버 듣기원해- 주음성 듣기원해-
부 끄 러운- 나의 - 모습- 있 는그- 대로- 주
님 앞에- 나갑 --니다- 내 모 습그- 대로-

66 새 노래로 노래하리

이지음

새-노-래로- 노래-하라 나의모-든것-새 롭게-됐네
새-노-래로- 노래-하리- 주님이- 내게- 주신 새 날에-
내하나-님이- 하나님되심-을 내하나 -님이- 아버지 되심을-
순간- 마다 새영 주심을- 노래하 라 새 노래로-

67 부족함 이를 데 없는
(가장 행복한 사람)

이천

부족 함 이를 데 없–는 – 나를 사용하여주–시는 주님
때론 힘 들고 외로–워 – 뒤돌 아서 고향을 생각하네
– –주님께– 내 생명드립니다– –주님 께서보 내신 곳 이땅
– –하지만– 눈 물로기도하네– –어느 새 새힘을 얻–어 복음
을 마음에가– 득품 고서 – –주사랑– 심 으러 갑니다– 나의
을 전함이내– 기쁨 되네 – –주사랑– 나 선포합니다–
생명연기처–럼 – 사라 진다 하여도– –주를 따 라걸어가–는 발자
국은 남으리– – 이 땅 에 서움켜쥐–는 – 좋은 것은없어도– –내겐
좋 으신– 주님– 이계시 네 때론 좋으신–주님–이계시 네 부족
한 내가이땅– 을 – 섬길 수있 었기에 – –이 세상 을행복하–게 – 살아
갈수 있었네– –나의 생 명 다 하는– 날 –주의 얼굴보리니– –나는
가 장행 –복한 – – 사 람 이네 나는 가 장행 –복한 – – –
– 사람 이네

68 새힘 얻으리
(Everlasting God)

Brenton Brown & Ken Riley

새힘 얻으리주 –를바랄때 주 –를바랄 때우 리주
–를 바랄 때 –를바랄때주님 – 통치 –하시– –
네 소망– 구원 –주시 – – –는
당신–은 영 –원 하–신 주 – 내영
약한–자 방 –패 되–시 며 – 위로
–원 하–신 주 – 지치 –지 않–으
–자 되–신 주 – 독수 –리 같–은
시 는 주 님 –
힘 주 시 네 –

69 성령님 오시옵소서

도영준

성령님 오시옵소 -서 오주님임하옵 소 -서 황폐한
이 땅가 운 -데 성령님오시옵 소 -서 성령님
오시옵 소 -서 오주님임하옵 소 -서 메마른
뼈 들가 운 -데 성령님오시옵소- 서 -물이바
다 덮음 같 이 -주영광가 득하 리 -라 물이바
다 덮음 같이 -주영광 충만하리- 라 / 라 -물이바
다 덮음 같 -이 물이바 다 덮음 같- -이- 물이바
다 덮음 같 --이 성령님 오시옵소 -서- -

70 세상이 감당할 수 없는

(하늘의 소망을 품고 사는 사람)

설경욱

세상이- 감당 할수 없는 믿음과- 용 기로- 살아가-는
세상은- 알수 없는 그큰은혜와- 진 리로- 살아가-는
당신의모습- 상 황을-뛰어 넘는-깊 은 감사로- 하나
당신의삶은- 큰 아픔-속에서도-거
님 영광-의빛을발 하죠 - 친 바람 불어도-
새희망을- 노래하죠 - 당신은 작은-천-국 당신은
주의- 기-쁨 하늘 의
거룩한- 나라- 저하늘 을 가슴 -에 품 고살-지요
향 기가 -득한- 당신은
- -당신은 하나님-의소유 죠 - -

71 세상이 줄 수없는
(기쁨의 예배)

김석주

1. 세상이줄 -수-없-는- 진정한기 -쁨-와-예-배
2. 이곳에가 -득-넘-차-는 빛나는주 -남-와-영광
- 할 렐루 -야 -
두손을높 -이-들-고-서- 큰소리외 -쳐-주-님-께
천국의잔 -치-속-에-서- 주님과함 -께-뛰-네-
- 할 렐루 -야 -
기쁨의제 -사를드-리-네- 성령의충 -만한은-혜-로
- 이곳에넘 -치는주 -의-위 -엄- Yeah~
거룩한성 -령의은-혜-가 - 내안에기 -쁨이되-시-네
- 내삶에주 -님만찬-양-하 - 리 -
주앞에연 -합하게하소-서 - 이땅의교 -회와열-방-이
- 주앞에하 -나되게하소-서 - 기쁨의예 -배-로-
주앞에연 -합하게하소서 - 이땅의교-회와열-방-이
- 주앞에하 -나되게하소-서 - 기쁨의예 -배-로-

72 소리쳐 주를 찬양하고
(온세상에 전하리라 / Tell The World)

Marty Sampson & Jonathon Douglass, Joel Houston

소리쳐주를찬양 하고 돌아서서그를잊 을까
나의주인-그리 스도 진리로날- 자유 케해
주 님만 위해 서살 리 라 - - 주보다귀한분은
새 로운 삶- 이시 작됐 네 - 주의자비- -
없네- - 내 삶의전 -부는 오 직- 예 수
은혜 - 로
내 삶의소 -망도 오 직- 예 수 예 - 수
살아계신 주 예수 온세상 -에 - 전하리 -라
우리위 해죽 으신주 다시살아 - 나셨 네- -
예수 -예수-온세 -상에-전하 리 예수
- 예수- 온세 -상에-전하 리 예수
세 다시살 아 - 나 셨 네예수
- 예수 - 온세 - 상에 - 전하 리 예수
- 예수 - 온세 - 상에 전하 리

73 소망 없는 세대가운데
(교회를 부흥시키소서)

민호기

소망 없는세대-가운데 - 빛을 잃은세상-향하여 - 진리
의등대 로-세 우신몸된교회- 복음 의능력-나타내 소서-예수
의흘 리신 보혈로-사신교회- 십자 가사랑만- 증거하
는 교회- 죽 어 가 는영혼- 살려 일으키고- 가난
한 자에게- 나눔 과섬김을- - 주의 교회를- 새롭게
하소서- 말 씀 으로 성 령 으로주의 교회를- 부흥시
키 소서- 열 방 중에 이 루소 서

74 시온의 영광이 빛나는 아침

T. Hastings 사, L. Mason 곡
Additinal Chorus words by 전용희
Arranged by 캠퍼스워십 팀

시 온의 영광이 빛나는 아 침
시 온의 영광이 빛나는 아 침
땅 들아바다야 많은섬 들아
어 둡던이 땅이밝아오네
매 였던종 들이돌아오네
찬 양을주 님께드리어라
슬 픔과애통이기쁨이되니
오 래전선지자꿈꾸던복을
싸 움과죄악의참혹한땅에
시 온의영광이비쳐오네
만 민이다같이누리겠네
찬 송이하늘에사무치네
- 경배-하라 - 찬 양-하라
- 영원-하신 - 우리-왕 -
- 존귀-하신 영광-의주 그의-백성 구하-시
리 온땅-들아 기뻐-하라 주를- -

75 아버지의 놀라운 사랑
(아버지의 눈물)
박용규

아버지의- 놀라 운 사랑- 그이들- 우리게주셨네- 십자
가 에서- 흘린 주 보혈- 온열방- 구원하 셨네-- 온세
상위 한- 십자 가 구원- 세상은- 알지못하 네- 아버지
눈 물로- 탄식하 시며- 내게- 말씀하시 네 나의
자녀여- 이제 일어나- 나의 눈물있는곳-그곳에눈물뿌리라-나의
자녀여- 나의 마음있는곳- 그땅에 - 나의사랑외치 라- 아버
지눈물- 온땅에 전하리- 주의 사랑의눈물- 생명 되어흐르리- 모든
열방은- 주님 께돌아오리- 주님 의구원 온땅가득하-리 라

76 아침이 밝아 올때에
(그 이름 / Your name)
Paul Baloche & Glenn Packiam

아 침이 밝아 올 때-에   찬 양 의 맘
주 의 이름 부 를때-   나 의 맘 채
주 시 네-   주 를 향한- 나의- 찬 양- 주
우 소서-   내 삶 을주- 께드- 리며- 주
마 음울- 리 리- 그 이 - 름 - 강하
이 름 높- 이 리 -
고 견고- 한성-루 그이 - 름- 나의 피난처- 되시-네 그이
- 름- 구원 의능력- 되시-니 온 열 방이-다찬-양하네
- 그이름 -

77 아침 햇살 가득
(찬양의 이유)

심종호 & 임선호

1. 아침햇살가득 주님을 느끼 - - 네 - -
2. 주를예배할때 그숨결 느끼 - - 네 - -
저녁노을속에 주님을 만나 - - 네 - - 세상모든
말씀속에진리 되신주 만나 - - 네 - - 주는나의
-만물 지 -으신 나 의하-나님 - 찬양의
-기쁨 참 -소망 위 로되-시 니 - 찬양의
이 유되-시 네 - - - 주 하나님을 - 찬 양합
이 유되-시 네 - - - 주 하나님을 - 사 랑합
-니다 내 -모든삶- 주 -님으로 인해 - 기뻐하
-니다 내 -모든삶- 주 -님으로 인해 - 변함없
-며- 노래-하리 주 하나님을 주께트-리리-
-는- 나의-노-래

78 언제 어디서나 무엇하든지
(할렐루야 Echo)

민호기

언제 어디서-나- 무엇 하-든 지- 내맘속 의기-쁨 -
숨 길수-없 네- 할 렐루 -야 - 할 렐루 -야 - 할 렐루
-야 - 할 렐루 -야 - 어 느곳에가-도- 누굴 만-나 도-
내 게있 는생 -명 - 전하고-싶네 - 할 렐루 -야- 할 렐루
-야 - 할 렐루 -야 - 할 렐루 -야 - 할 렐
루 -야 - 할 렐루 -야 - 할 렐루 -야
- 주 님께 - 할 렐 - 찬미 의-제사 -

79 여호와를 즐거이 불러
(감사함으로)
심종호
여-호 와를즐 거이불러- 기쁨으로주께 나아가리---
여호와하나님난 주의백성- 기르 시 는 양이 라 -
여-호와를즐 거이불러- 기쁨으로주께 나아가리---
여호와하나님 난 주의백성- 기르 시 는양이라 - 감사함
-으로 주를높 -이며 그문 -에 들어가서 - 찬송함
-으로 그이 -름-을- 송 축할지-어다- 감사함
-으로 주를높 -이며 그문 - 에 들어가서 - 찬송함
-으로 그이 -름-을- 송축할지-어다 - 주의선
- 함과 인자하 -심이 영원 -하고 주의성- 실하-심이
- 대 대 에미치 리로--다 --- 감 사함
-으로 주를높 -이며 그문- 에-들어가서- 찬송함
-으로 그이 -름-을- 송 축할 지-어다 -

80 여호와 영광이 온 세상 가득하게
(And The Earth Shall Be Filled)
David Morris & Ron Coile
여 호- 와 영광이- 온- 세상가 득하-게 되 리라
-물이바다를 - 덮음같이 - 여호- 와 영광이- 온-
세 상 가 득하게 - 되 리라 - 물 이 바다 -를 -
덮음같이 - 열방향- 해기 -를 높이들 - 고- 주
님의나- 라선-포하며 나 가세 주 님 의이-름을-
찬 양하 - 리 라 - 주의 영광세 상가 - 득하-리
라 여호- 덮 음 같 이 - - -

81 열방 민족을 향한

(왕의 왕 예수)

이천

열방 민족을—향한— —주님 의크신 —사랑— —한점
구 름이— —가릴수 있 으리요 만 년설—이전 하는—
동 일하—신하 나님— 어 제와— —오늘내 일 광활
한대지—위에— —새생 명을심—어온— — 비 단길의— —서려있
는외침— 온 세상—민족들아— 주 를경—배 하 여라 —너의
주인은—주예수이—시라 — 왕의 왕 예수 — 거
—룩하신— —거—룩하신— 왕의 왕 —

82 영광의 주님 앞에

(호산나)

홍의석 & 장세원

영광의 주님앞—에— — 마음다해새 — 노래 —로—찬
— 양 — 귀하 —신주 — 이 름높여 드리 —리—
구 원의 반석 —되신— 주를바라볼 —때나 —의—영
—혼 — —시온 에서— 크게외치리 — 호
산 나 — 만왕 —의왕—주님나 를— 잡아 —주소서—호
산 나—구원 —하소서—주님만 을— 바라오—니 — 호
산 나— 만왕 —의왕— 주님나 라—임하 —실그때—호
산 나 — 구원 —하소서— 나의영 혼—
기 억하 — 소서 —

83 영광이 열방에
김재우
영광 이 열방에 가 득할때까 지 주님
이 영광을 보 게될때까 지 우리
의 열정은 멈추지않 네 열방 리 주
의 열정은 식지않으
의 영광 온 땅 가득 빛날 그 날에- 모
온 우주에 넘칠 그 날에-
든 열방 주의 이름 외치 리 - - 주
기뻐 노래하리 라 기뻐 노래 하리 라 주의영
광 주의 권 세 온 땅가 득 넘 치
온 우주에 가득
네 주의백 성 보 좌앞 에
해
주의이름 외치 리 주의영 라
기 뻐 노래 하리
Fine

84 영광 향한 주의 열정
김재우
영광 향한 주의 열 정-
열방 향한 주의 긍 휼-
모든 나라 부르 시 네- 영광
강물 되어 흘러 가네- 열방
향 한- 주의 열 정- 모든
향 한- 주의 긍 휼- 땅 끝
나 라- 부르 - 네
까 지- 흐르 - 네 주의
영 광- 그 명 성 위 해- 주님
이 름- 그 영 광 위 해- 모든
우 릴- 지으 셨 네 주의
열 방-
부 르 네 -
주 의 영 광- 그 명 성 위 해
이 름- 그 영 광 위 해
- 주님 우 릴- 지으 셨 네 주의
- 모든 열방- 부 르 네
부 르 네 -

85 예수님은 나의 반석

김준영 & 심종호

예수님은나의 -반-석- 예수님은나의 -방-패-
예수님은나의 -피난처 -되시네 -
예수 님은 길과 -진-리- 내발에등불되 -시-며-
나의인도자선 -한목자 -되시네 - 할렐루
--야 찬양하 --세
구 원의 뿔 -되신주 - 나를 -건
소 리높 --여 찬양받기
-지시네 - 날구원하신 - 찬양받기
-합-당-하-신 -주-께 할렐루 --야
-합-당-하-신 -주-께 견고한망대
찬 양 하 --세 나 의구
- 오 직주 -님만 나의구
-원-되-신-주 -를-찬-양-해 -
- 세상 모든 만물 -을 - 창조하 -신 하나 -님

- 내삶에 - 이유 -되-신 - 아 름 -다
-운이-름- - 나 의온마음 -다 -해 - 두손
을 높 -이들 -고 - 찬 양해 - 영광의하나 -님
- - 할렐루 - 나의구
-원 -되 -신 -주 -를 -찬 -양 -해 -

86 예수 내 영혼의 사랑

(Jesus, Lover of My Soul)
Stephen McPherson

예수- 내영혼의사랑 -- 예수- 나는포기할수없네 -
수렁에서 - 날건지 -시고 -- 주님의반 석위 -에날
- 세우셨네 --- 주 님 만 사 랑 해 결코주님을 -나
떠나지 -않으 -리 내 구주 나의친구 - 세 상 끝날까 -지
주만섬 -기 리 -- 세 상끝날까 -지 주만섬 -기리 --

예수님의 눈으로

양승훈

예수님의눈으로 그들을 보게 하 소-서--
예수님의손으로 그들을 섬 기도록 -
예수님의입으로 진리만을 말-하 도-록--
예수님의발로 써 땅끝까지 달려가 도-록-
내가주님을-사 랑한다는고백이- 거짓이되지않 도-록-
내가그들을-사 랑한다는고 백이- 진실이되게하소 서
세상끝까지- 주를 전하리란고백이- 거짓이되지않 도-록-
내 눈에 주의사랑채우사- 변화시켜주-소 서

예수보다 더 큰 사랑

(No greater love)

Tommy Walker

예수보다더큰 사 랑- 그누구도줄수없 네-
우리에게자유 주신- 그 큰사-랑 -
세상의헛된보 - 화- 곧 사 라지--지만
- 영원한주의사 - 랑- 나의 맘 에남-으-리
- 찬 양하세 영원 히 변치 않 는그사
랑 위대 - 한 - 그사 랑 내죄 씻 었 -네 세 상모
든 능력 과 권세 보다 강하 신 영원 한 그-사
랑 예수보다더큰 사 랑- 그누구도줄수없 네-
우리에게자유 주신- 그 큰사-랑 -

89 예수 안에 소망있네

(In Christ Alone)

Keith Getty & Stuart Townend

예 수 안에 소망있 네 내빛과 힘 나의 노
완 전 하신 하나 님이 우리와 같 이되 셨
죽 임 당한 세상의 빛 어둠속 에누이 셨
주 예 수의 능력으로 내속에 두 려움 없

새 환난중 에 도우시 는 주나의 견고한 반
네 주사랑 과 그공의 로 세상을 구원하 셨
네 영광스 런 그의날 에 무덤에 서부활 했
네 나의사 는 모든순 간 주께서 다스리 시

석 크신사랑 크신평 화 두렴에 서 날건지
네 십자가 에 주달리 사 그진노 를 거두셨
네 승리하신 우리주 님 원수들 을 물리쳤
네 어느것도 주손에 서 날빼앗 지 못하리

네 내 위로 자 내 모든것 주사랑 안에서 리 라
네 내모든 죄 담 당하신 주은혜 안에살 리 라
네 나 주의 것 주 나의것 주보혈 안에살 리 라
라 주오실 날 기 다리 며 주능력 안에서 리 라

90 예수 예수 거룩한

(Holy and anointed One)

John Barnett

예 - 수 예 - - 수

거 룩 한 기 름 부음 받 은 예 - - 수
영 원 히 높 임 받 으실 예 - - 수

수 주 이 름 내 입 술 의 꿀 - 같 고 - 주 성 령 내 영

혼 을 적 - 시 - 네 주 말 씀 내 길 에 빛 과 - 같 네

- 예 수 주 님 - - 을 - 사 랑 해 요

91 예수의 사랑이

심형진

1. 예수의 사 - 랑이 -   나를 대속하 - 셨네 -
2. 십자가의 - 사랑 -   내게 생명주 - 셨네 -

예수 의보 - 혈이 -   나를 자유케 - 했네 -

십자가 에달 - 리신 -   주 앞에경 - 배해 -   크고놀

- 라운 - 사랑이 -   나를 죄에서 - 구했네 -   크고놀

- 라운 - 사랑이 -   나를 새 롭게 하시네 -

3. 예수로살 - 리라 -   예수 만따 - 르리 -

예수 내삶의 - 중심 -   엎드려경 - 배해 -

92 예수의 이름 부를 때

이지음 & 박철순

예수 의이 - 름 부 - 를 때 -

주님 의나 - 라 임 - 하 네 -   통 치하 - 시 네

- 예수 의이 - 름 높 - 일 때 -

사단 의권 - 세무 - 너져 -   승 리주 - 시 네   Fine

구원의이 - 름 예 - 수 예 수 -
능력의이 - 름 예 - 수 예 수 -

소망의이 - 름 예 - 수 예 수 -
승리의이 - 름 예 - 수 예 수 -

모든 이 름위 - 에 뛰 어난 - 이 름 -

우리안에 - 살아 - 계 신 주 예 수 -   D.C.

93 예수의 이름이

(그 놀라운 사랑)

김석주

예수의이름 -이 내게생 -명을주셨 네 -

예수의사랑 -이 나를구 -원해주 셨네 -

세상을이기 -고   죽음을이기- -신 나의주

측량할수없 -는   그놀 라운사랑 -

할렐 루 야 할렐 루 야   모든영광과

- 모든찬송 -을 - 받으소 -서   주 나

의 왕   나의전 부   내삶의이유

- 오직주님만 -을 -   찬 양하 -리 -   -

94 오 오 주님

(나를 받으소서)

홍의석

오 --- 오 오주님 -오 ---오 나의 -주 -님 -오 ---

오 오주님 - 오 --- 오 나를받으소서 -

내영혼을 -깨우시 -고 -   일어 나 게하 -시 - 는 -

거룩하신 - 나 -의 -하 -나님 -

나오직주 -를위하 -여 -   이제 나 아갑 -니다 - 나의

심령으로 -힘을다 - 해 - -주님을 -   -따르리 -

95 오직 주님만

윤주형

오직 주님만 - 바라봅니다 - 오직 주님만 - 바라 봅니다 - 나의

왕 되신 내 주 님만 오직 주님만 - 바라 봅니다

* 경배합니다
사랑합니다
예배합니다
따라갑니다

96 오 하나님 온 땅 위에

(온 땅 위에 위대하신 주 이름 / O Lord our Lord)

Doug Bergsma

오 하 나 님 온땅 위 에위 -대하 신주 -이 름   오

하 나님 온땅 위 에위 -대 하신주 -이 름   찬

양 과영 광을 -주 님 께 거 룩 하신 -주이름 찬 양존

귀 와경 배 주 님께 영 광을 돌 리 세

97 오직 주의 은혜로

김영표
오직주의 - 은혜로 지금여기 - 서 있네
한없는 - 경배 한없는 - 찬양 내 영혼예배드리네
나를위해 - 이 땅에 오신주의 - 그 은혜
십자가 - 고통 이기신 - 주님 그 은혜어찌잊으리
주은혜 날채우시네 - 주은혜 보게하시네 -
살아 가는 동안 - 은혜 로만살리 -
십 자 가은 혜로 - -

98 온 땅 다스리시는 주님

이천
온땅다스리시 는주님 - 신실한역사의 주 관자 - 예수
죽음이긴생명 의주님 - 크고놀라운사 랑 의주 - 예수
- 예수 - 주찬 - 양하 - 여 - 라 -
- 예수 - 주찬 - 양하 - 여 - 라 - 오직한
분 예수 - 세상 - 을구 - 원할이 - 름 -
열방과 민족 - 주 찬 양하 - 여 - 라 - 예수
- 예수 - 모든 - 것되 - 신 - 주 - 온맘 - 을다 - 하 - 여
- 기쁨 - 의찬 - 양 - 주님께돌 - 리 - 어 라 - - 예수
- 예수 - 모든 - 것되 - 신 - 주 - 온맘 - 을다 - 하 - 여
- - - 워 - - 영원히주님 - 만찬 - 양 - 해 - -

99 온 세계 지으신
(God of Wonders)

Mark Byrd & Steve Hindalong

온세계- 지으 -신-   창조의하-나 -님-
이른아- 침에 -도-   빛을기뻐하-리 -라-
저하늘주의장막되 -니-   주께영광돌 -리 -리-
어둠속에헤매 일때 -도-   주의이름부- 르 -리-
우주위 -에주의경이로 움 주는 거 -룩- 거 -룩-
(D.S) 주의마 -음내게보이소 서 주는 거 -룩- 거 -룩-
열 방이주 -의위 -엄산포 해 주는 거 -룩- 거 -룩-
하 늘 과땅의 -주 -   하 늘 과 땅의 -주 -

-    할렐루 -야 온- 땅과 -하늘위 -에 -할렐루 -야 높-
임을 -받으소 -서 - 할렐루 -야 온- 땅 과 -하늘위 -에
-
우주위 -에주의경이로 움 주는 거 -룩- 거 -룩-
거 -룩- 거 -룩- - 할렐루 -야 온-
땅 과 -하늘위 -에 - 할렐루 -야 높- 임 을 -받으소 -서
- 할렐루 -야 온- 땅과 -하늘위 -에 - 할렐루 -야 높-

임 을 -받으소 -서 -

100 왕되신 나의 주님

김영표

왕되신나 의주 -님 -찬양하 -리 -   날구
원 하신 -   그사랑 - -
온마음다 하여 -서 -경배하 -리 -   오직
주님만 -   예배 하리 -   이세상
- 사는동 -안   내가 원 하는 -소망 -   주님
만 오직주 -만 나의 중 심이 -되 는것 -
Fine
D.C.

101 온 땅위에 모든 사람들

박기범 & 이지음
E D A E D B E
온 땅위-에모든 사람-들- 모 두함-께손뼉 치면-서-
소 리높-여주께 노래-해- 기 쁨으-로춤을 추면-서-
E D A E D B E
즐 거운- 소리로 주앞-에- 크 게주- 의이름 외치-세-
주 님앞- 에나와 뛰놀-며- 크 게소- 리치며 주찬-양-
A E B E D A E
감사로- 주께할렐- 루야 이땅위-에주님 같은-분없-네
A E B E D A B E
찬송으로- 주께 할렐- 루야 우리하나님은 영원-한반- 석

102 완전한 사랑 보여주신

(예수 좋은 내 친구 / My Best Friend)

Joel Houston & Marty sampson

C G F G C G
완전 한사랑 보 여주신- 구 세주그분 아나요 그아 들우리 에게 주신-
구원 하신주 나 는믿네- 부 활하신주 나 믿네 다시 오실왕 나는 믿네
F G Am7 G
하나님그분아나요 그 사랑알-기에- 그 아들나는믿- 네
그분과영원히살리
F C G
날 이끄 소 -서 예 수좋은내-친 구- 내곁에 계시네
Am F C
- 영원히변 - 치않- 네- 예 수 좋은 내 -친 구
G Am F G
- 내 곁 에 계시네- 영 원 히변 - 치않- 네- -
C Am G F
영원히변 - 치않- 네 영 원 히변 - 치않- 네-
C Am G F C
- 영원히변 - 치않- 네 영원 히변 - 치않- 네- -

103 우리의 찬송 중에 임하신 주님

(기적이 일어나네)

윤주형

E D2
우 리 의찬- 송 중-에 임 하신 -주 님-
질 병 과고- 통무-거 운 멍에 -벗 네-
A E
주 얼 굴바 - 라 며 경 배드-리 네-
보 혈 의능력 의지 하 며나-갈 때-
E D
마 른 땅같-은 영-혼 주 사모-할 때-
어 둠 과사-망 의-영 쫓 김받-았 네-
A E
주 님 의크-신 능-력 난 볼 수가-있 네-
거 룩 한성-령 의-불 - 지 금임-했 네-
E D2 A E
기적이- 일 어나네- 내 안에- 내 안에-
기적이- 일 어나네- 이 땅에- 이 땅에-
기적이- 일 어나네- 열 방에- 열 방에-

104 우리는 주의 거룩한
(하늘 가족 우리 교회)
김형국 & 감영표
우리 는 주의거룩한- 보혈로세워진- 살아숨쉬는- 교회--
예수 를 주로섬기며-살 아 가네 우린 주님안-에한 가족-
하늘 아버지-우리안에- 계 시네 우린 그날향-한 하늘가족-
아버 지여우-릴도우사-사랑 하게하-소서 주의 영광을-보네- 우린
하늘의-가족 - 오-하늘아버지- 이백성 의아-버 지
당신 의귀한-아 들- 보내 신높은-사 랑-
오- 하늘아버-지- 이백 성 의아-버지-
하늘 가족교-회통하여-이땅 의 백성- 고 치소서-
이땅- 의교회-치유와회복 하나됨을 경험 하게하-소서-
드러 내게하-소서- 하늘 가족교-회통하여-이땅의모든-백성-
깨달 을수있-도록 돌아 오게하-소서 - ---- 오-
Word and Music by 김형국&감영표
© BEE COMPANY(www.beecompany.co.kr), All rights reserved, Used by permission.

105 우리의 찬양 받으소서
(Sing A New Song)
민호기
우리의 찬양- 받 -으소서 -
주님앞 에 내모든 것 -다드려
입술의 열 매- 삶 -의향 기 보좌앞
에 넘쳐나 는 - 산 제 사-되리 니 -
새 -노래로 - 거 -룩한손 들어
하 -나님 께 올릴찬 양 -
할 렐 루 야 Sing a new song
할 -렐루 야 - Sing a new song
Copyright © 민호기, Adm. by CCMSKY All rights reserved, Used by permission.

106 우리 주 이름으로 모였으니

강명식

우 리 주 이름 으로 - 모였으- 니 -
하 나되어서 형제들함께하- 니 - (자매들 함께하니)
우 리가진것 주님 께받았으- 니 -

이 미 우리가운데 - - 주 계시- 네 -
어 찌그리 선 하고 - 아름 다운- 가 -
형 제 자 매와 즐 겁 게나 - 누- 세 -

아 - 름 다우신 주앞에 - 기 - 뻐 - 해 -
보 배론 성 령의 기름 - 흘러넘치 - 고 -
서 로의필 - 요 따라서 - 나 - 눌 - 때 -

우 - 리모두한 아 버지부 - 르- 네 -
영 생의축 - 복 우 리게주 - 시 - 네 -
하 나님나 - 라 이 곳에임 하시 - 네 -

우리모두 하늘아버 지 자 - 녀 들 - 아버지

품 안에서모 두 한 - 가 족 - - 아버지

의 얼 - 굴 빛 비추실 때 - 우리안

에 천 국의기 쁨 넘치 네 -

107 우리 찬양 향기되게 하시고

(Let Our Praise To You Be As Incense)

Brent Chambers

우리 찬 양향기되게 하시고 주의 보 좌의 기둥

되게하소서 우리 찬 양향기되게 하소서 홀로

주 앞에 나와 경배드릴때 빛난 주님 모습

보 - 고 주의 위 엄바라 볼 - 때 천군 천 사들 과

다함께 주의 거 룩하 심을 외칠때 - 우리 -

거룩 거룩 거 - 룩 거 룩하 신 주

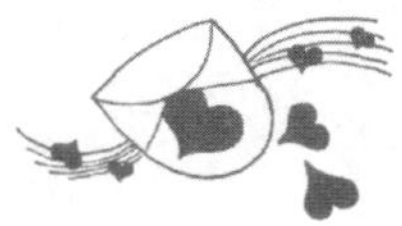

108 우릴 사랑하사

(주는 나의 승리)

박지영

우릴 사랑 하 사 - 우리를부르신 주 -
우릴 사랑 하 사 - 보혈을흘리시 고 -
나 의죄 를 - 뒤로-하 고 - 나를부르셨네 -
전 신갑 주 - 입히-시 고 - 나를세우셨네 -
감사의노래 드리 - 며 - 기쁨으로 나 오 - 네 -
성령의능력 으 - - 로 - 담 대하게 나 갈 - 때 -
나의모든 - 짐을-주 께 - 맡 겨드 - 리네 -
승리의노 - 래주-님 께 - 높이외 - 치네 -
내게승리 - 주신 주 - 나에 겐 - 두려움없 네
- 어떠한 - 공격에 - 도 - - 담대하 - 리 -
주의천사 - 내게임하 여 - 내대 신 - 싸우 네
- 나의 모 - 든 능력 이 - 되신 주 -
주는 나의 능 력 - 주는 나의 소 - 망 -
주는 나의 승 리 - 나는주의 것 -
- - 주 는 나의 승 리 -

109 우상을 섬기며

(회개의 노래)

박지영

우 상을 섬 기며 - 주를 떠 난이 에 - 게
세 상을 따 르며 -
거 짓과 슬 픔속에 사는 - 이 에 게 성령의 - 바람
상 처와 분 노속에
- 임 - 하 - 소 서 - - 회 개의영 - 으로 - 우리
가 운데 - 성령의 - 바람 - 임 - 하 - 소서 - 주를모 - 르는
- 이 땅 가운데 - 알게하 - 소서 - 주님의 - 마음 -
보게하 - 소 서 - 주님의 - 눈물 - 을회 개케하 - 소서 - 주
의능력 - 으로 - 회 복시키 - 소서 - 주 의형 - 상으로 -
의능력 - 으 - 로 - 주님의 - - 기쁨 이되 - 도록 -

110 위대하신 전능의 주

(높고 놀라우신 주 / Awesome is the Lord most high)

Jesse Reeves, Cary Pierce, Jon Abel & Chris Tomlin

위대 하 -신- 전 능 -의주 -
보내 신 -곳- 우 리 -가리 -

신실 하 -고 - 변 함없으 -시네 -
구주 되 -심 - 세 상알기 -원해 -

내 평 생 -에 - 찬 양 -하리 -
부르 심 -을 - 신 뢰 -하며 -

주 영광 위 -해 - 나 모두드 -리리 - 모든
주 의 -길 -을 - 다 따 라가 -리라 -

나 라만물 -아 두 손 들 고 외쳐 -라- 가장

높 고 -놀 라 우 신 -주 - - 우리

함 께찬양 -해 지 금 부 터 - 영원 -히 - 가장

높 고 -놀 라 우 신 -주 - -

할 렐루 -야 - 할 렐루 -야 - 가장높 고 -놀라

우 신 -주 - - - - 모든

111 이 시간 이곳에 모인 우리들

세연

이시 간이곳에모인 우리들 예수 안 에평강있기 를 이시
성령

안 에하나되기 를 축복 합니다 사랑 합니다 당신

은 존귀 한주 의자 녀 축복 은 아름다운사 람

112 이제 우리 함께 모여서

이지음

이제 우리함 -께모 -여서 -주 를노래 -하네 - 주 를찬양 -하며 -자랑하

네 형제 자 매모 -습 속 -에서 - 하 나님형 -상을 - 하

나님모 -습을 - 그려보 네 이제 나님모 -습을 -그려보 네

주 는 -나의 모습 있 는그 -대로 - 모두 사랑하 -셨네 -

사랑하 -셨네 - 나도 -당신 모습 지금그 -대로 - 그저

사랑하 -리라 - 사랑하 -리라 - 이제

나 님모 -습을 - 그려 보 네

113 이 곳 만민의 기도의 집

(기도의 집)

Scott Brenner

이 곳 만-민의- 기도-의집- -열방위
한 국 을-기도 -의--집-으로 -만드소
-한 - -기도-의 집- -이
-서 - -기도-의 집- -한
도 시가-산 위 -에 있-으리 - -모 든나
국 -을-세 상 -의 빛-으로 - -만 드소
-라 - -비추-는 빛- -겸손
-서 - -세상-의 빛- -
한 -자 -보며- 겸손 한 자-듣고- -주
께 전심-으로 -돌 이 키리-- -열방
이 기뻐-하며 - 주께 돌 아오-리 라 -온
땅 이왕-을 영 -접하리라- -주복
음 가-지 고- 애통 한 자위-로해 - 주영
광 이땅-에 충 -만 하 리라-- -천국
기 -뻐-하 네 - 주의 승 -리-하심 --온
땅 이왕-을 영 -접하리라 -이
(라) -겸손 (라) -이 (라) -세상
모 든나-라 에 - 주복 음 전파-하라 - -주

아 름다-움 나 - 타 나 리라- - -추수
의 -시-간 이- 가 까웠-으 니- -주
의 교회-가 기 - 도 합 니다- -부흥
이 임-하 여- 이땅 새 롭게-되 리 - 주
임 재여-기 충 -만 하 리라- - -주를
기 뻐하-는 자 - 즐 거워-하 리 -온
땅 이왕-을 영 -접하리라 -
Re vi - val Re vi - val Re vi - val Re vi - val
Re vi - val Re vi - val Re vi - val Re vi - val
Re vi - val Re vi - val Re vi - val Re vi - val
Re vi - val Re vi - val Re vi - val Re vi - val

114 일어나 두손들고
(거룩하신 주 / Holy Is The Lord)
Chris Tomlin & Louie Giglio
일 어나두손들고 - 나의힘 - 이되신 - 주님께 -
엎드려 - 경배 - 드리세 - 크고 - 위대 - 하신주 - 우리모두함 - 께
- 찬 양 - 하 - 세 - 거룩하 - 신주
- 전 - 능 - 의 - - 주 - 영광 - 온땅 - 에가득
- 해 거룩하 - 신주 - 전 - 능 - 의 - - 주 - 영광
last time only
- 온땅 - 에가득 - 해 - 영광 - 온 땅 - 에가득
- 해 - 주 님 의
- 이름 - 온 - 땅 에 - 높아지 - 리 라 - 찬양
- - - 하 리 - 주의 - 이름 - 온 - 땅 에 - 높아지
- 리라 - 찬양 - - - 하리 - 주님의 - 이름 - 온 - 땅 에 - 높아지
- 리라 - 찬양 - - - 하리 - 주의 - 이름 - 온 - 땅 에 - 높아지
D.S. al Coda
- 리라 - 찬양 - - - 하리 - 우 리모두함 - 께
- 해 - 영광 - 온땅 - 에가득 - 해 - 거룩하 - 신주 -

115 일어나라 백성들아
이천
일 어나라 - 백 성들아 - 빛을 발 - - 하 라
Fine
주 가너의 - 영광으로 - 영 원히 - - 임하리 라
영원한주의 - 성 읍 - - 멸하지않 는 - 시 온성 - -
열방들이 고백하며 네앞 - 에나오 - 도 록 주가
D.C.
네영혼을 아름다움과 - 기 쁨이 - - 되게하시리 -

116 잃은 영혼 구원 얻으며

(받아주소서 / Take it All)

Matt Crocker, Scott Ligertwood
& Marty Sampson

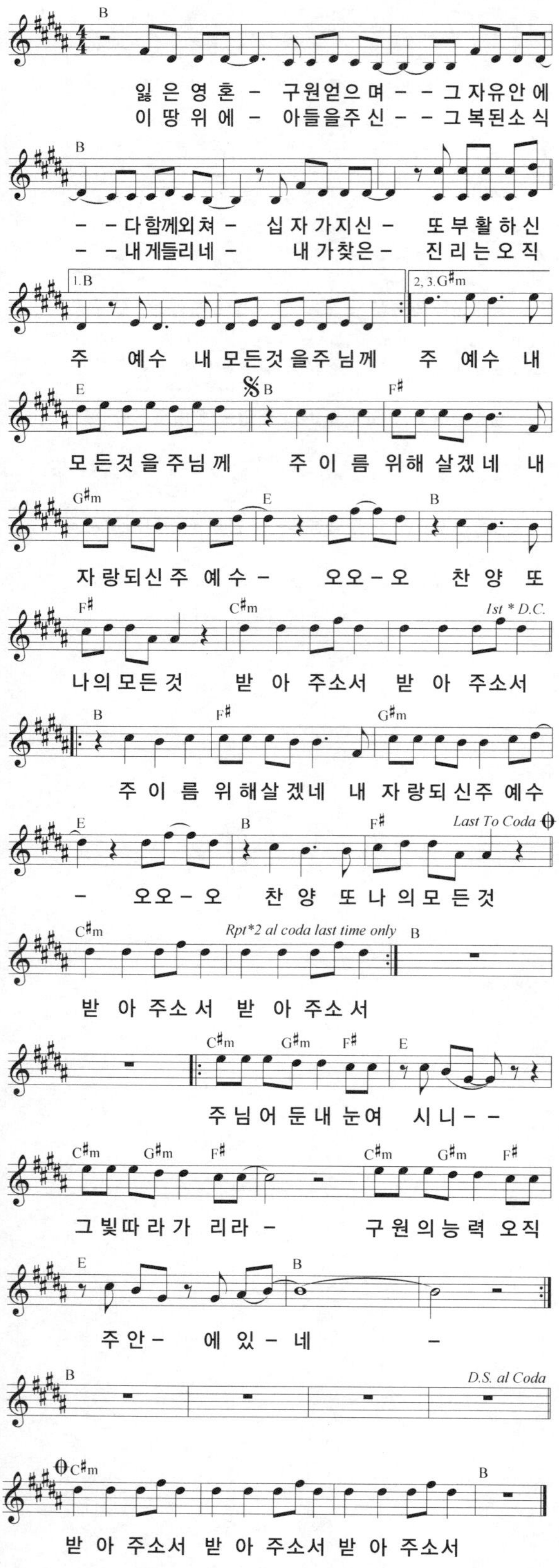
잃 은 영 혼 - 구원얻으 며 - - 그 자유안 에
이 땅 위 에 - 아들을주 신 - - 그 복된소 식
- - 다 함께외쳐 - 십 자 가지신 - 또 부 활 하 신
- - 내 게들리네 - 내 가찾은- 진 리 는 오 직
주 예수 내 모든것을주 님께 주 예수 내
모 든것 을주 님 께 주 이 름 위해 살겠네 내
자 랑되신 주 예 수 - 오 오 - 오 찬 양 또
1st * D.C.
나 의 모 든 것 받 아 주소서 받 아 주소서
주 이 름 위 해살 겠네 내 자 랑 되 신 주 예 수
Last To Coda
- 오 오 - 오 찬 양 또 나 의 모 든 것
Rpt*2 al coda last time only
받 아 주 소 서 받 아 주 소 서
주 님 어 둔 내 눈 여 시 니 - -
그 빛따 라 가 리라 - 구 원 의 능 력 오 직
주 안- 에 있 - 네 -
D.S. al Coda
받 아 주소서 받 아 주소서 받 아 주소서

117 잃어버린 나의 눈물을

(회복시키소서)

유은성

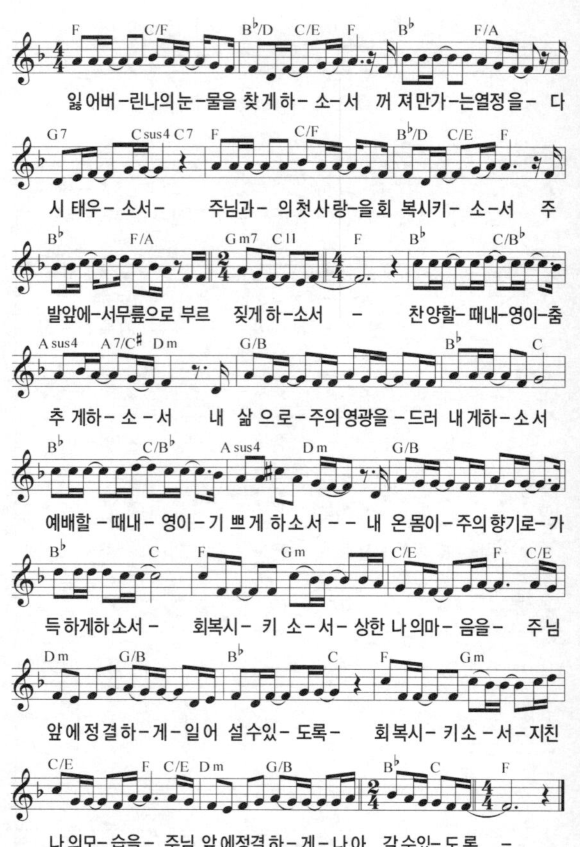

잃 어버 -린나의눈 -물을 찾게하 - 소-서 꺼 져만가 -는열정을- 다
시 태우- 소서- 주님과- 의첫사랑-을회 복시키- 소-서 주
발앞에-서무릎으로 부르 짖게 하-소서 - 찬양할- 때내-영이-춤
추 게하-소-서 내 삶 으로-주의영광을 -드러 내게하-소서
예배할 -때내- 영이-기 쁘게 하소서-- 내 온몸이-주의향기로-가
득하게하소서 - 회복시- 키 소-서-상한 나의마- 음을- 주님
앞에정결하-게-일어 설수있- 도록- 회복시- 키소 -서-지친
나의모- 습을- 주님 앞에정결하-게-나아 갈수있-도록 -

118 전능의 주 얼굴 구하며

(Touching Heaven Changing Earth)

Reuben Morgan

1. 전능의 주 얼굴 구하며
2. 우리 생명 다할 때까지
이 땅 위해 주께 기도할때
주만 바라보며 달려가리
부흥의 불을 주소서
눈 물로 씨 뿌린 후에
모든 영혼 주를 알게되리
기쁨으로 단을 거두리라
능력의 이름 주예수 주의 이름 높
이 리 하늘 향해 기도할때
이 땅을 고치소서 이 땅을 고치 소서
이 땅 위에 이 땅
위에 이 땅 위에 부
흥을 이 땅 위에 이 땅
위에 이 땅 위에 주소서
이 땅을 고치 소서
이 땅을 고치 소서

119 주가 지으신 주의 날에

(기쁨의 노래)

박기범 & 이지음

주가 지으신 주의 날에 우리 다함께 기
여호와는 내 빛 과 구원 하나님은 내 힘
쁨 으로 즐거워하며 주께 나가
과 방패 내 영혼이 주를 기뻐하
세 네 yeah
할렐루야 선하고 인자 하신 하나님
이 구원의 기쁨 감출 수 없네
할렐루야 모든 전쟁을 승리하신 왕
이 승리의 노래 멈출 수 없네
기뻐 기쁨으로 노래 하네 노래 해
기뻐 기쁨으로 춤을 추네 춤 추네
나를 구원하신 주 생명 주셨네
승리하신 왕의 왕
다스리시네 기뻐 해

120 주가 하시리라
(주가 하시리)

윤주성

주가하시리-라 주가하시-리라 크신능력으-로
주가이루리-라 주가이루-리라 크신능력으-로
주가싸우리-라 주가싸우-리라 크신능력으-로
나를드립니-다 나를드립-니다 주님의도구-로
나를드립니-다 나를드립-니다 거룩한신부-로
찬양드립니-다 찬양드립-니다 어린양예수-께
경배드립니-다 경배드립-니다 어린양예수-께

주가하시리-라 주가하시리-라 주가하시-리라
주가이루리-라 주가이루리-라 주가이루-리라
주가싸우리-라 주가싸우리-라 주가싸우-리라
나를드립니-다 나를드립니-다 나를드립-니다
나를드립니-다 나를드립니-다 나를드립-니다
찬양드립니-다 찬양드립니-다 찬양드립-니다
경배드립니-다 경배드립니-다 경배드립-니다

크신능력으-로 주가하시리 -
크신능력으-로 주가이루리 -
크신능력으-로 주가싸우리 -
주님의도구-로 나를드리리 -
거룩한신부-로 나를드리리 -
어린양예수-께 찬양드리리 -
어린양예수-께 경배드리리 -

121 주 계신 곳 나아갈 때
(주 사랑으로 / Because Of Your Love)

Brenton Brown & Paul Baloche

예 ------ 예 ------ ---주계
신 곳나-아-갈-때 우리에게부-으-시-는 주의
하 신모-든-일-들 우리함께찬-양-하-며 크신
은 -혜-늘-기-억-합-니-다- 주행
긍 휼하-심-다 감사-하리- 주사랑으로-
용 서받-고- 주사랑으로- 정케되네
------ 찬양하리- 자유의노-래-
새롭게되-리- 주사랑으로-
주사랑으로- 예-------
예------ 예------

122 주께 구했던 한가지 소망

(One thing I have desired)

Scott Brenner

주께 구 했던 한 가지 소망 기도하니
나의 사 는 날 동 안 주 의집에 거하며
주 아름 다 움 앙망 하며 그
전 에서 사모 케하 소서 오나의주 거룩한
주의 아름 다움 오직한가 지내소 망 주님정
결하게 하 소서 영광에서 영광으 로 영원히
로 거룩한
로 영원히

123 주는 내 목자시니

(My Lord Is Like A Shepherd)

Lani Smith

주 는 내목자시 니부족함없도 다 시
영 을건지시 며방황하는나를 안
냇 가푸른 초원에날 인 도하시 고 내
전 하게바 른길로인
도 하시도 다 사 망 이드리 워 도두 렵지않음
은 주 나의곁에 계 셔도 와 주심이 라 또
유 혹받을 때 에나 를 붙드시니 그 의 풍요로
움 을누 가 누 가 누 가 당하 랴
선 하 심과자 비 가나 를 따르리 니 그
우 그
의 곁에영 원토 록거 하 리로다 우
의 집에거 하 리라 내
가 영 원 토 록

124 주님 광대하신 주 이름

(광대하신 주님 / Magnificent and Holy)

Israel Houghton

주 님 광대하신주 이 -름 찬 양 해 지극히높으
신 -주 찬 양 해 할렐루야 할 렐 루야주님
께 거룩하신주 이 -름 찬 양 해 주
해 할 렐 루 -야 할 렐 루 -야 할 렐
루 -야 주 님 께 -할렐루 -야 할 렐
루 -야 할 렐 루 -야 어 린 양주 -님께 광
대하신 -주 -이름찬 -양 -해 - 거 룩하산 -주 -이름찬 -양
- 해 -
할 렐 루 야
할 렐 루야주님 께 광 대 하신주 이 -름 찬 양
해 할 렐 루 -야 할 렐 루 -야 할 렐
루 -야 주 님 께 -할렐루 - -야 할 렐
루 -야 할 렐 루 -야 어 린 양주 -님께 광
대하산 -주 -이름찬 -양 -해 - 광 대하신 -주 -이름찬 -양

-해 - - 거 룩하신 -주 -이름찬 - 양 -해 -

125 주님과 함께 못 박힌

(주의 복음을)

김영표

주님과 함 께 - 못 박힌내영혼 - 이제 더이상 -십자가 떠
믿음과 행 함 - 하 나가되어서 - 살아
나지않 으리 - 계신나 -의주님 삶 으로보 이리 -
나의 유익을 구하지 않으리 - 나의
미래도 걱정치 않으리 - 사나
죽으나 내영혼 주의것 - 오직 주님만 -흥하 소 서 주의
복음을 - 전하게 하 소서 - 그리 스도와 - 함께 죽은
나 내 삶 모두 주의 기 쁨이 되리 주의
복음을 - 전하게 하소서 - 주의 복음을 - 전하게 하소서 -

126 주님께 감사드리라

(For the Lord is Good)

Billy Funk

1. 주님-께감사-드 리라-   주 께찬-양 하 라
기쁨-으로주-께 나와-   주의 이름- 을-찬양하 - 라
나팔불-며주찬-양 하라-   북소라-로찬양-하 라
모든-만물소-리 높여-찬양 마음 다하-여- 주를 찬양-해- 선하
신 주-님 - (선하 신주 - 님-) 선하 신 주 - 님 - (선하
신주-님-) 선하 신주-님- 그의 자비-는영 --원
하 - -리 -   선하 신 주 - 님 - (선하
신주-님-) 선하 신 주 - 님 - (선하 신 주 - 님-) 선하
신주-님- 그의 자비-는영--원 하--리 -   선하
신 주-님- 그의 자비-는영 --원하--리- -
2. 창조-주하나-님 찬양-   예수-를높이 세
주께-와무릎-을꿇고- 두손을들-고- 주를 찬양-해- 선하

127 주님 발 앞에 엎드려

이정미

주님 발앞 - 에엎 드려-   그 발을뵈-오니- 주님
가신-그사랑의-길 내게밀-려-와- 감사하 며- 내눈을들- 어
하늘을보니 그 사랑의-눈 나를바라 보 시네-
사랑합- 니다-   아 바아-버지-   사랑합- 니다-
구 주예-수-님-   사랑합-니다 늘 함께하-시는- 주님
만 으로- 나 만 족 하게 하 소서-

128 주님을 더욱

박철순

주님 을 더욱 알 기원- 하네 - 나 주님

을 더욱 알 기원- 하네 - 내 마음 다 해 내 평 생의- 소원

- 내 주님 한- 분 만 - 간절히 알- 기 원 하네 -

내 평 생의- 소원 - 내 마 음 다- 하여 - 주님 을 알- 기

원 하네- 주님의- 사랑으로 - 나를 채 워주- 소서 - 주의

사 랑으- 로 채 우사- 주님 알게하- 소서 - 나의 삶- 의 소망은 오

직 하나 - 주님 알 기원- 하 네 주님

원 하네- 주님 -을- 주님

129 주님의 사랑이

(사랑의 열매)

김준영 & 임선호

주 님의 사랑이 당신을 통- 해 온
님의 축복이 당신을 통- 해 온

세 상 가 운 데 전 해 지 기- 를
열 방 가 운 데 흘 러 가 기- 를

주 님 은 나 무 당 신 은 가 지 니 사랑의

열 매 맺 길 축 복 해 요 주 요

주 님 은 나 무 당 신 은 가 지

니 사 랑의 열 매 맺 길 축 복 해 요

사 랑의 열 매 맺 길 축 복 해 요

130 주님이 부르신 곳

윤주형

주님 이 부르 - 신 곳 주 님 이 말 씀하 - 신곳 내가

서 있는- 곳 이 아니 라 생 각되- 어도 주 님 이 부르- 신 곳 주 님이

말 씀하 - 신곳 내 가 서 있는- 자리 통 해 영 광받으- 시리

131 주님 한 분 만으로

이길승
주 님한분만으로 내 영혼만 족하네
다 른종류의 즐거움 날채울수없 네
주 님한분만으로 내 영혼기뻐하네
세 상이주는 어떤유혹도 날흔들수없- 네 이것
이 나-의힘- 이것 이 나의노-래- 이것
이 내소망의 -이-유- 주 나의모- 든것 -

132 주를 영원히 송축해

(내 기쁨 되신 주 / Made me glad)

Miriam Webster
주 --를- 영 원히-송 축 -해- -
항 --상- 주 의지-하 리 ----
두 --렴- 속 에 서날-건지- 사- -
내 --가- 사 모 할자-오직- 주- -
반 --석- 위 에날-세우셨 -네- - 요
주 --와- 같 은분- 없으리--- - 내
동 하지-않-고 - 주 를 고백-하 리 나의-방 패
기 쁨되-시-는 - 주 를 고백-하 리 나의-방 패
- -힘-과 - -내-기 - 업-구-원 - -자-피-난
- 처-강한성 - 루-언제 -나나-의도-움되-시 네 - -

133 주를 찬양해

(신령과 진정으로)

심종호

주를찬 -양해   나의맘 -다해
찬양가 -운데   임하시는주 -
우리맘 -다해   주를높 -일 때-
기쁨 내 -안에   흘러넘치네 - - - -
- 주를찬   흘러넘치네 - - - - - 감사의
- 노- -래주 -께- 내게새 -일행- -하시 -네- 주님의
-은 혜 -크신사 -랑 찬-양하 -네-   주님을
- 경- -배할 -때   주를더 -욱 알- -기원 -해- 거룩하
-신 주 -전능하- -신하 -나님 -   주를찬
주를갈 -망 하-는것 -   주를예 -배하-는것 -
- 주를기 -뻐하-는것   신령과 진정으로 -
주를갈 -망 하-는것 -   주를예 -배 하-는것 -
- 주를기 -뻐 하-는것   신령과 진정으로 -
신령 과 진정으로 - - - - -   - 감사의
- 노- -래주 -께- 내 게새 -   거룩하

-신 주 -전능하 - -신하 - 나님 -

134 주를 향한 나의 맘

심형진

주를향- 한나의맘 -   누구도- 뺏 지못 해
주는나- 의구세주 -   항상날- 인도하 네
이세상- 어딜 가도 -   그사랑- 넘쳐나 - 네 -
이세상- 어딜 가도 -   그사랑- 전하리 - 라 -
주를 향 -한 나 -의사랑   감출 수 -없으-리
세상 사 -람 비-웃어도   멈출 수 -없네 -
예 수 만이참된 -소 망-   예수 만이참된 -기 쁨-
예 수 만이참된 - 내 구 -세 주 - -

135 주를 위해 살아가는

양승훈

주를위-해살아가는 아름다-운인생에 나의삶이그렇게드려
지길원--하네- 예수님-이보여주신 기쁨의-그희생을
나의삶도기쁘게 배워가길원--하네-
Fine
예수님-이이땅에서 누굴위-해사셨나 나의만족나의행복
그게아냐 사랑이-란무엇인지 친히보-여주셨네
나의죄값대신지고 죽으셨네 사 랑주의
사 랑 그사랑-이날 대신해죽었네-
죽음의-고-통- 거절치않고- 희생으-로사랑을보
이셨네- 사 랑주의사 랑
그사랑-이이제내게흐르네- 나의모-든-삶-
예수님처럼- 기쁨으-로희생하기 원하네-
D.C.

136 주 보좌앞에서

윤주형

주보좌 앞에서 흐르는생명수
도시와 나라와 민족과열방에
강물처럼흘러- 넘치네--- (넘치네-)
거세고힘차게흘러가네--흘 러가네- 상처
입은자- 소외-된자 -
어둠-에포로-된자---- -
주님을모르는- 모든자에게--- -생명이
소망이 능력이-넘치도록 - -
넘치소서--- -힘차게흐르소-서- -황폐한
-이땅다시-소생하도록- -
임하소서- -주님의크신영-광- -주님을
-갈망하는-우리-위에- -

137 주 보혈 나를 덮었네

박지영

주 보혈 나를덮었 네 내맘 과 -내온몸 을 -주
보혈 나를씻었 네 내영정 -결케되 네 -주
보혈내삶을덮 고 나의 길 인도하시 네 -주 네 주보
보혈나를채우 고 내게 승 -리주셨
혈 -영원한생명- 주보 혈 -영원한소망- 주보
혈 -내삶의능력- 내모- 든삶 - 주께드리 리 -

138 주 사랑하는 마음

임수정

주사 랑하는마- 음드 - 리네 - 내삶의모든것-되신
- 주님께 - 은혜의보좌로- 나아가리 - 내영이
주님 을- 찬- 양 - 주기 뻐 하시 는- 소망
- 드려 - 내 뜻과 힘보다-주 손 -의지해 -
주앞에 엎드려 - 간 구하오니 - 나를사 용하 옵- 소-
서 생 명의말-씀-으로 나를채-우사- 주
의길 예비 - 케하소서 - 성 령의능-력 -으로
기 름부 -으사 - 진 리를 선포 하게 하소서 -

139 주여 주 예수여

(Jesus Remember Me)

Taize

주 여 주 예 수 여 저를기억 해주 소 - 서
Je - sus re-mem-ber me when you come in to your King - dom
주 여 주 예 수 여 당신나 라임하 실때
Je - sus re-mem-ber me when you come in to your Kingdom

140 주 은혜 놀라운 사랑

(사랑의 왕 / King of love)

Scott Brenner

주 은혜- 놀라운사-랑어찌 -말할수- 있으-랴 -
주 사랑- 주님의희-생나를 -완전케- 하셨네 -
나 같은- 죄인살리-려십자 -가에서- 죽으 -시- 었네 예수-
주 보혈- 날깨끗케 -하시고 -영생의- 약속 -주 셨네 예수-
할렐루-야 구원의 -주하-나님-께- 호-산-나 내영혼
- 의구-세주- 예수 온천하-주보좌앞 -에경- 배해-그는-
주 사랑의- 왕 - 나의-예수- 부활- 의주 -할렐루-야창조의
- 왕하- 나님-께- 찬 양해- 부활하신 - 인자- 되신- 예수
하늘과-땅 주의성 - 호높-이네 - 그는- 주 사 랑의-왕
- 나의- 예수 - 부활-의주 -
- 나 의 -예수 -부활-의주 -
영광찬- 양 존- 귀예-수 께 - 영 광찬- 양 존- 귀예- 수께
- 영 광찬 - 양 존 -귀예-수 께 -
영광찬- 양 존 -귀예-수 께 - -
할 렐루-야구원의 -주하-나 님-께- 호-산 -나 내영혼

- 의구-세주- 예수 온천하-주보좌앞 -에경-배해- 그는-
주 사 랑의- 왕 -나의-예수-부활-의주 -할렐루- 야창조의
- 왕하-나님-께- 찬양해- 부 활하신 - 인자-되신- 예수
하늘과-땅주의성 - 호높-이네- 그는- 주 사 랑의-왕
-나의- 예수-부활-의주 - 사 랑의-왕 -나의-예수-부활-의주
- 사 랑 의- 왕 -나의-예수-부활-의주 -

141 주의 나라에는 참 생명있네

(하나님 나라 / The kingdom of God)

Scott Brenner

주의 나라-에는 - 참 생명-있네 - 나중
나라-에는 - 영 생-있네 - 갇힌
이 첨-되고 - 약한 자 강-하게 - 가난
자 자-유케 - 아픈 자 온-전케 - 잃어
한 영-혼들 - 부요 하게-되고 - 음부
버 린-자들 - 구 원-되고 -
의 권-세주의-교 회 이 길 수- 없네 - 내생
명 주님-안에 감-춰 져 있 - 네 이세
상 다 지-나 가 도- 주 의 나-라 영 원- 하리
주 의 주 의
나 라-에 는 - 참 생 명-있네 - 나중
이 첨-되고 - 약한 자 강-하게 - 가난
한 영-혼들 - 부요 하게-되고 - 음부
의 권-세주의-교 회 이 길 수-없네 - 음부
의 권 -세주의-교 회 - 이 길 수- 없 네

142 주의 선하심과 인자하심을

안성진

주의 선하심과- 인자하심을- 기억하 라 널위
해 행하 신 모든 일들을 기억하- 라 주의
자 비하-심과 사랑하-심을- 기 억 하- 라 널위
해 흘리신 보혈 그피로 날 구원했-네 찬양하
라 감사하 라 네게 주 신 그 사랑을 내모든
것 주님의 것 이-니 나-를 주 관 하옵소- 서 주의
선 하심과- 인자하-심을- 기 억 하- 라 널위
해 행하 신 모든일들- 을 기억하- 라 찬양하 라

143 주의 아름다운 처소

(Dwelling Places)

Miriam Webster

주의 - 아름다 - 운 - 처 - 소 - - 간 절히 -
따 라갑 - 니 - 다 - - 주 내 - 기 - 쁨 - 내 상급
- - 주 사 - 랑 - 날 - 새롭 - 게 - 해 - - 나는
주 께 속 - 했 - 네 - - - 내 마 음 다 - 해 - 찬 - 양해 -
I love - you I love - you, I love - you, - I love - you I love - you, I love
- - you, - I love - you I love - you I love - you - 내 모 - 든
- 것 다 - 해 - 주 - 만 따 - 르 리 -

144 주의 장막에서

이새로미

주의 장막에 - 서한 - 날이 - 궁정에서천날 - 보다 좋사
- 오니 -
주의 성산에 - 서한 - 날이 - 궁궐 에서천날 - 보다 좋사
- 오니 - 나의 - 영혼 - 주님을 기뻐 - 해 - - 주의 - 사랑
- 날완 - 전케 - 하네 - 주의 - 사랑 - 날새 - 롭게 - 하네 - 끝 - 이
없는 - 주의 - 사 랑만이 - 내영 혼 - 자유케하 - 시네 -
혼 - 자유케하 - 시 네 - 주의 - 사랑
- 날완 - 전케 - 하네 - 주의 - 사랑 - 날새 - 롭게 - 하네 - 오 - 오
주님 - 나의 - 삶 을통해 - 주영 광 나타내 - 소서 -

145 주의 집에 거하는 자

(Blessed)

Darlene Zschech & Reuben Morgan

주의집 에 거하는자- - 항상주찬 송하- 리 - - 시온의대
로가있고 - - 힘얻 는 자 - 복있네 - 주의집에
- 주얼굴볼때 까 지 - 힘을더얻어 가 리 -
들 으소-서- - -만군의- 주 - 하나 - -님
구하오-니 - -이땅축- 복- 하 -소서- - -
- 소서- - - - 소서- - -
오주-는-거룩 오주-는-거룩 거룩-하 신주-님 -
- - 축 복- 하 - 소서- - - -

146 주의 한결같은 사랑이

박기범 & 이지음

주의 한결같은사랑이- 나를붙-드 -네 주의
주의 끝이없는은혜가 나를살- 게 -해 주의
포기않는 사랑이- 나를 이- 기 - 네 주의
쌓아두신 은혜가- 나를채- 우 -네 주의
조 건없는 사랑이- 나를흔- 들 -어 주의
감당못할 은혜에- 내가잠- 기 -니 그의
사랑안에서- 나는 - 안 전-해 - 안전-해 -
은혜안에서- 나는 - 만 족-해 - 만족-해 -
나는살-아서- 이제- 주의의-를 노래-하리 -
소망을-품고- 더욱 - 주의이-름 찬양-하리 -
소망없-어 힘을잃은 나 -의영혼아- 너는 그얼굴의도- 우심을
바라 보라 독수리-가 날개치며 날 - 아오르듯- 주를
바라보 - 는 나의영 -혼 지 치 - 지 -않으 리

147 주 임재하시는 곳에

(I love to be in Your presence)

Paul Baloche & ED Kerr

주 임 재하 - 시는곳 - 에 - 우리 함 - 께 - 찬양하
- - 리 일 어나기 - 쁨으로 - 소리 높 - 여찬 - - 양해
- 주 - 내 영혼 노래하 - 며 춤추게 하 시네 -
기쁨의 이유 되시는 - 주님 - - - - 주 - 두손을
- 들고서 - 소리 높 - 여찬 - - 양해 -
3rd Time To Coda
D.S.

148 주 자비 춤추게 하네

(춤추는 세대 / Dancing Generation)

Matt Redman

주 자비 춤추 게하 네 - 모 든 것 다 해
찬양해 - 춤 - 을 추 - 며 자 - 비 감사 - 해
주 영광 외치 게하 네 - 온 땅에서주
높이며 - 주의 영 - 광 소리 - 쳐 찬 양 - 해
넘 - 쳐 흐 르 는 용서받 은 영혼
이제주 를 보네 우린 - 멈 출 - 수 없
- 어 우리 는 춤추는 세 대되 - 리 주크신 자비로
- 춤 추 - 리 라 - - 주 - 의 자 - 비 로 -
주영 광 외치 는 세 대되 - 리 놀라운주영광
- 외 치 - 리 라 - - 주 - 의 영 - 광 을 -

149 찬양 중에 눈을 들어

(호산나 / Hosanna)

Paul Baloche & Brenton Brown

찬 - 양 중 - 에 눈 을 들 - 어 - 주 를
주 - 께 드 - 린 마 음 다 - 한 - 기 도
- 주 를 보 네 -
- 들 으 소 서 -
소 - 망 중 - 에 마 - 음 다 - 해 - 주 만
주 - 의 나 - 라 상 - 한 영 - 혼 - 들 을
- 나 바 라 네 - 주 님 을 볼
- 새 롭 게 해 -
- 때 나 에 게 - 힘 주 시 네 주 님 안
- 에 모 든 두 - 렴 - 사 라 져 사 라 져
- 호 산 - - 나 호 산 - - - - 나 -
- 구 원 의 주 - 하 나 - 님 - 찬 양 받 으
- 실 주 님 - 호 산 - - 나 호
산 - - - - 나 - 내 안 에 임 - 하 셔 - 서
- 주 님 의 뜻 이 - 루 소 서 -

150 태초부터

(주님의 뜻대로)

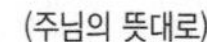

유지은

태초부터 지 금 - 까 - 지 - 날 지으시 - 고 - 택
하 여주 - 신 - 주 죄많 은내삶을 - 깨끗 케 - 하시어 - 거
룩된주 의영 - 광 - 드러 내 게하 - 소서 - -
주님 의뜻대로 - 주님의뜻대로 - 주나 라 위하여 - 날
사용 하옵소 - 서 주님 의뜻대로 - 주 께서 원하신 - 대로
- 날 주의길 로 인도 하여주 소 - 서

151 하나님 그 임재 앞에

이지윰

하 나 - 님 - 그임 재 - 앞 에
잠 잠 - 히 - 엎 드 - 리 네
엎 드 - 려 - 경 배 - 하 네 경 배 합 니
- 다 - - 경 배 합 니 - 다 - - 경 배 합 니
- 다 - - 하 나 님 - 경 배 합 니 -

152 하나님께로

안성진

하 나 님께로-나- 나 가 길원-하-네- 하
나 님 께-로-나- 나 가 길원-하-네- 하
나 님께-로-나- 나 가길원 -하-네- 오주-
님 나 를받으-소서 - 하
하
나 님께-로-나- 손 들길원-하-네- 하
나 님께-로-나- 손 들길원-하-네- 하
나 님께-로-나- 손 들길원-하-네- 오주-
님 나 를받으-소서 - 하

153 하나님께서 휘바람 불어

(축제의 예배)

이천

하나님께서 - 휘 바람불어 - 그백성모으 -시네
크신은혜와 - 모든축복을 - 풍성히누린 -백성
구원받은자녀 -들아- 돌아오라 돌아오라
주님앞에함께 - 모여- 축제의 예배를 올리자- -
다 찬양하라 - 다기뻐하라 - 함 께계신영 - 광의 - 주님
세상을위해 -사 랑하기에 - 구원과승리 - 주셨-도다
Bridge
- - 모 든존 귀 영광돌려 라
보 좌위에 계신주님 께 모 든존귀 영
D.S. al Coda
광 - 주 께 -

154 하나님 날 위해

강동균

하나 - 님 날 위해 - - 예 비해 - 두신 -
영 생 - 은 하 나 님 - 과 예 - 수 - 님을 -
주 님 - 의 친 밀 한 - - 그 - 사 - 랑 은 -
새 롭고 - 산 길 - 그 길 은 - 예 수 -
알 아 가 - 는 것 - 기 쁨 의 - 시 간 - 감 추 - 고 가 릴 것 -
나 를 살 - 리 는 - 생 명 의 - 근 원 -
내 려 놓 - 고 서 - 주 님 - 을 만 나 리

156 하나님 온 맘으로

이길승

하나님온 - 맘으로 - 기 다리 - 시네 -
온 세 상 이 - 참 기쁜 소식 - 모두 듣 게 되 - 도록 -
1. 예 수 님 우 - 릴 위 해 - 기 도하 - 시 네 -
2. 성 령 님 우 - 리 길 을 - 인 도하 - 시 네 -
온 세 상 이 - 우 리 를 통해 - 모두 살 아 나 - 도록 - 주 님 나 라
온 세 상 이 - 산 증 인 들 을 - 모 두 볼 수 있 - 도록 -
- 임 할 때 까 지 - 우 리 삶 을 - 드 려 요 - 끝 날 이 오
- 리 라 약 속 된 - 말 씀 - 곧 이 뤄 지 - 리 라 -

155 하나님 만으로 만족합니다

김영표

하 나 님 만 으 로 만 족 합 니 다 주 님 여 기 계 시 니 주 님
여 기 계 시 니 여 기 계 시 니 내 갈 망 오 직
아 버 지 뿐 내 소 망 오 직 그 나 라 뿐
Fine
D.C.

157 하늘의 영광을 다 버리고

(섬김)

전종혁 & 강찬

하 늘 의 - 영 광 을 - 다 버 - 리 고 - 낮 은 이 곳 에 -
내 려 오 - 신 주 - 죽 기 까 - 지 나 를 - 사 랑 하 신 -
그 사 랑 얼 마 나 - 큰 지 - 우 리 가 높 아 - 지 면 그 가
낮 추 시 리 우 리 가 낮 아 - 지 면 - 그 가 높 이 시 리 - 하 나 - 님 이
- 원 하 시 는 - 세 상 - 으 로 - 나 자 신 을 - 낮 추 - 는 - 섬 김 으 로
- 내 발 을 닦 아 - 주 - 사 먼 저 섬 기 시 고 서 로 사
랑 하 - 라 - 고 말 씀 하 시 었 네 - 하 나 - 님 이 - 원 하 시 는 - 세 상
- 으 로 - 나 자 신 을 드 리 는 - 섬 김 의 모 - 습 이 - 되 기 를 -

158 하나님의 나라 진동치 않네

강동균

하나님의나ー라 진동치 않네ー 주하나님영ー광 흔들자없네ー
주가 문을열ー면 닫을 자없네ー 하나님 의나ー라 진동치않네ー주
를 송ー축 하라 ーーー 주
를 기ー뻐 하라 ーーー 주
를 찬ー양 하라 ーーー
누구도 주앞ー에 자랑할자ー 없네 ー
하나님의나ー라 진동치않네ー 주하나님영ー광 흔들자없네ー
하나님의나ー라 진동치않네ー 주하나님영ー광 흔들자없네ー
하나님의나ー라 진동치않네ー 주하나님영ー광 흔들자없네ー

159 하늘에 계신 아버지

(As it is in heaven)

Matt Maher & Ed Cash

하 늘 ー에 계신아버 ー지 이름거룩ー하ー며
(날 마) ー다 일용할양 ー식 은혜로주ー소ー서
ー 주의영광이곳 에가 ー득하길 기도하네 ー
ー 예수이름으ー 로우 ー리모두 기도하네 ー
하 늘 ー에 계신아버 ー지 주 이름다외ー치ー며
시험 ー에 들게마시 ー고 악에서구원하ー소ー서
ー 주의 영광이곳 에가 ー 득하길 기도하네
ー 예수 이름으ー 로우 ー 리모두 기도하네
ーーー 기도하네 ーーー 찬양해 ー 새 노래
ー로 찬양 해 ー 새 노래 ー로 찬양 해
ー 새 노래 ー로 주ー님께 ー ーーーー 주님의나
라 주님의뜻 이 하늘 ー에이뤄ー지ー듯 ー이 모두선포
해 자비한주이름 이 땅 ー에이뤄ー지리 ー라 ー
날 마 ー라 모든나
ー라주께ー모든권 ー세주께ー모든영 ー광영원ー히아멘
ー 모든나 ー라주께ー모든권 ー세주께ー모든영
ー광영원ー히아멘 ー 모든나 ーーー 주님의나

160 할렐루야 그 성소에서

도영준

할렐 루야- 그성소 -에서 - 찬양하며 - 그-
권능의- 궁창에서 - 찬양 할지 -어다 - 그
능하신- 행동을 인 하여 찬양하며 - 그
지극히- 광대하심 -을 좇아 찬양할지 -어 다 나팔-소
리로- 찬양하며 - 비파- 와 수금으 -로 찬양할 지어다-
소고-치 며 춤추며-찬양 - 할렐-루 야 - 현악-과
퉁소로- 찬 양하며 - 모든-제 금으로- 찬 양할 지어다-
호 흡-- 이 있 는자- 마다 - 할 렐-루 야 -

161 할렐루야 할렐루야

(주 사랑 놀라와 / Hallelujah)

Brian Doerksen & Brenton Brown

할 렐루 -야 - 할 렐루 -야 - 할 렐루 -야 -
주의사 -랑날 할렐루 -야 - 할 렐루 - 야 - 할 렐루
- 야 - 노래 하 -게 해
주사 랑- 놀라- 와 항상 변- 함없 - 네 견고한-나
주사 랑- 놀라- 와 더욱 커- 져가 - 네- 나의깊-은
의 산 반 석되 -시네 주사 랑-신비 - 해 나를받- 으시
곳 에 기 쁨넘-치네 나주를뵐- 때마 - 다 선하신- 빛비춰
- 네 적이 에- 워 싸 도 보 호하 -시네
- 니 내안에 주- 의 노 래 커 져만- 가네

162 햇살보다 밝게 빛나는

(왕 되신 주 앞에 나 나아갑니다 / Offering)

Paul Baloche

햇살-보다-밝게-빛나는주의-영광- 모든-어두-움물-리치
-네- 누구-도주-앞에-다가-설수-없네-
주의-거룩-한보-좌앞-에- 오 직주의-보혈- 주의
긍휼의-지하-여 나아 가리 - 왕 되신주
-앞에-나경-배합-니다- 주님만찬-양받-기합-당하-시니
- 큰존귀와-영광-홀로-받으-소서- 오주
- 앞에-나나-아갑-니다-
- 왕되신주-오주-님내-가나-아갑-니다-
오주-님내-가나-아갑-니다-

163 허리를 숙여 돌을 주으라

조영준

허리를숙-여 돌을주으라 물러서 지마라- 눈을 감지 마라
세상 다산-얼 굶하지마라 힘들어 죽겠단- 언어를 바꿔라
오늘내가이곳에 -서- 너와함께함을 똑똑 히보라-
오늘내가이곳에 -서- 너와함께함을 똑똑 히보라-
네발옆의-그 돌을주으라- 자신없 어마라- 예비된 돌 이니
버틸수없-다 말하지마라- 더이상 서있을- 힘이없 다 마라
지금내 가 너와함 -께 - 서 있을것-이 다
너 믿음의 돌 을주워- 골리앗을 향해 던 져라 내
가 너의 손을-빌려 그 돌을
던 -지리니 두 려워말 라 -내
가 너 에게오 늘 승 리를
줄 -것이다 너 의돌을들어 -라- -

164 홀로 위대하신 주

(오직 주만)

정신호

홀로위-대하-신주 - 예수그리스도 우릴위-해오-셨네
주의얼-굴구-하며 - 기도하-는 세대일-으키-소네
- 이땅의어-둠걷-히고 - 영광의-빛
- 이땅의모-든결-박을 - 끊으시-고
우릴위-해비-추네 - 그 은혜안-에서- 날
주님임-재하-소서 - 그 영광안-에서- 주
구원하-셨네-- 그 사랑이-날살-게하-셨네 - 오직
보게하-소서-- 그 능력으-로살-게하-소서 -
- 주만-사랑하-네 오직주 - 만 오직주-만 나의
-맘이-주보-게하-소서- - 오직 -주만-찬양하-네 오직주
-만 오직주- 만 나의-맘이-주보-게하-소서- -

165 흰눈보다 더

윤주형

흰-눈보다-더-흰양 -털보다-더-깨끗케 --하시는-- 예수의
-피-주의피-- 주-홍빛같-은-그보다-더-중한죄--깨끗케
--하시는-- 예수의 -피-주의피--한번도 -실패한적-없으신-
능력의- 이름--모든정 -죄와-두려움-에서-우리를 자유케-하시네
--에-그이름 예-수-- 예 수 -십자
가의사-랑으로- - 우리를 구원-하셨네- 그이름 예 - 수--
예 수 -십자 가의능-력으로 --우리는 승리-하리라- -

힘든 일 있었나요

(당신은 예배자)

민호기

힘 든 일 있 었 나 요 - 기 쁜 일 많 았 나 요 - 있 는
모 습 그 - 대 - 로 - 오 - 세 - 요 -
두 려 운 맘 있 나 요 - 죄 의 짐 무 겁 나 요 - 주 님 의
- 넓 - 은 - 품 - 당 - 신 을 - 기 다 리 시 죠
당 신 은 예 배 자 - 세 상 이 감 당 치 - 못 하 는
세 상 을 이 기 게 - 되 리 라
당 신 은 예 배 자 - 주 님 의 기 쁨 -
이 땅 의 소 망 -

Index

뉴송송 안에는 아래 CCM 앨범들의 찬양이 수록되어 있습니다.
수록음반이 없는 곡은 찬양이 불리웠던 집회명입니다

:: 강찬 3집 - 섬김
내 세상이 끝났을 때(하늘을 봐) 41
하늘의 영광을 다 버리고(섬김) 157

:: 기독교인이 가장 좋아하는 어쿠스틱 워십 베스트 2
주의 집에 거하는 자 145

:: 다리놓는 사람들 예배 인도자 컨퍼런스 2005
나를 향한 주님의 사랑 14

:: 다리놓는 사람들 예배인도자 컨퍼런스 2006
할렐루야 할렐루야(주 사랑 놀라와) 161

:: 다윗의 장막 라이브 워십 - 하나님 나라
이 곳 만민의 기도의 집(기도의 집) 113
주께 구했던 한가지 소망 122
주 은혜 놀라운 사랑(사랑의 왕) 140
주의 나라에는 참 생명있네(하나님 나라) 141

:: Rise Up 7집 - New Dream
내가 주님께 구하나(나의 기도) 29
보혈 흐르는 주 발아래(십자가 아래) 64
오 오 주님(나를 받으소서) 94
영광의 주님 앞에(호산나) 82

:: Russell Fragar - 우리 때문에
내 마음 다해 32

:: 로뎀나무 3집 - 부르신다
주 자비 춤추게 하네(춤추는 세대) 148

:: Russell Fragar - 우리 때문에
내 마음 다해 32

:: B2E Trinity White 2
내 마음 다해 32

:: Must Worship - 0.5집 주의복음을
나 오늘도 걷네(약속의 땅을 향해) 16
주님과 함께 못 박힌(주의 복음을) 125
하나님 만으로 만족합니다 155

:: Markers Live Worship 1집 - My Solid Rock
거룩하신 전능의 주 3

구원의 반석 8
나는 주만 높이리 11
나의 맘 받으소서 19
나의 하나님 오직 주님만(나의 하나님) 25
내 마음 주께 드려(크신 주의 사랑) 34
아침이 밝아 올때에(그 이름) 76
여호와를 즐거이 불러(감사함으로) 79
예수님은 나의 반석 85
찬양 중에(호산나) 149
햇살보다 밝게 빛나는(왕 되신 주 앞에) 162

:: 마커스 워십 Is It
감사하세 하나님께(우린 이겼네) 1
나를 부르신(믿음으로) 13
나의 주 하나님 한없는 그 사랑(주님 사랑합니다) 23
믿음의 담대함 주신(일어서리) 60
부끄러운 나의모습 65
아침 햇살 가득(찬양의 이유) 77
주님 광대하신 주(광대하신 주님) 124
주님의 사랑이 당신을(사랑의 열매) 129
주를 찬양해(신령과 진정으로) 133
주의 장막에서 144

:: Bliss 1집 - 주는 나의 승리
나로 주님의 12
우릴 사랑하사(주는 나의 승리) 108
우상을 섬기며 주를 떠난(회개의 노래) 109
주 보혈 137
태초부터(주님의 뜻대로) 150

:: 선교한국 2008 주제가
그날을 기다리는가 10
하나님 온 맘으로 156

:: 세연 - 이 시간 이 곳에
이 시간 이곳에 111

:: 시와 그림 - 4집
할렐루야 할렐루야(주 사랑 놀라와) 161

:: 시와그림 5집 - 정상을 넘어
나의 길 보이지 않아서(길을 여는 자) 17
나의 피난처 예수 24
많이 힘든것 알아(정상을 넘어) 55

바람이 불어온다(바람을 따라서) 61
허리를 숙여 돌을 주으라 163

:: CBS TV선정 씨씨엠 베스트 – 모든상황속에서
예수보다 더 큰 사랑 88

:: 야곱의 사다리 – 하늘과 땅을 잇는 다리가 되어
주 계신 곳 나아갈 때(주 사랑으로) 121

:: Anointing 06
주 임재하시는 곳에 147

:: Anointing 07 – 기름 부으심
보혈 세상의 모든(예수 피밖에) 62
새힘 얻으리 68
예수의 이름 부를 때 92
주가 지으신 주의 날에(기쁨의 노래) 119
주님을 더욱 128
하나님 그 임재 앞에 151

:: 어노인팅 8집 Live Worship
내 삶의 유일한 자랑 38
들으라 큰 물의 박수소리(외쳐 부르네)50
떡과 잔을 주시며52
새 노래로 노래하리66
영광이 열방에83
영광 향한 주의 열정84
온 땅위의 모든 사람들101
우리 찬양 향기되게 하시고107
이제 우리 함께 모여서112
주님 발 앞에 엎드려127
주의 한결같은 사랑이146
하나님 날 위해154
하나님의 나라 진동치 않네158

:: 예배인도자 컨퍼런스 2007
거리마다 기쁨으로 6
나 이제 돌아가 26
눈 먼자 보게해(나는 자유해) 48
당신은 하나님의 거룩한 성전 51
만방의 족속들아 54
예수 안에 소망있네 89
우리 주 이름으로 모였으니 106
주는 내 목자시니 123
주의 아름다운 처소 143
주 자비 춤추게 하네(춤추는 세대) 148

:: 예수님의 제자들 첫번째 LIVE Worship Albm
주님께 감사드리라 126

:: 예수전도단 Campus Worship vol.3
예수 예수 거룩한 90

:: 예수전도단 Campus Worship vol.5
내가 주 찬송하리(나는 자유해) 30
내 안에 주를 향한 이노래(아름다우신) 43
내 영혼이 은총입어 45
새힘 얻으리 68
시온의 영광이 빛나는 아침 74
우리의 찬송 중에 임하신 주님(기적이 일어나네) 103
위대하신 전능의 주(높고 놀라우신 주) 110
주를 영원히 송축해(내 기쁨 되신 주) 132
주를 향한 나의 맘 134

:: 예수전도단 Campus Worship vol.6
모든이들 필요해(내 주는 구원의 주) 58
무너진 내 맘에(주의 나라 오리라) 59
하늘에 계신 아버지 159

:: 예수전도단 캠퍼스워십 프로젝트 싱글
내 삶의 소망 내가 바라는 한 분(예수 닮기를) 37
예수의 사랑이 91

:: 예수전도단 화요모임
나의 달려갈 길과 18
나의 주님은 22
나 주앞에 서있네 27
날 채워주소서 28
내 생명다해 40
모든것이 주께로 났으니 57
보좌에 계신 어린양께(열방을 내게 주옵소서) 63
성령님 오시옵소서 69
세상이 줄 수없는(기쁨의 예배) 71
아버지의 놀라운 사랑(아버지의 눈물) 75
예수님의 눈으로 87
예수의 이름이(그 놀라운 사랑) 93
오직 주님만 95
여호와 영광이 온 세상 가득하게 80
주가 하시리라(주가 하시리) 120
주님이 부르신 곳 130
주를 위해 살아가는 135
주 보좌앞에서1 36
할렐루야 그 성소에서 160

흰눈보다 더 165

:: 옹기장이 2006 라이브 워십
내 마음을 가득 채운 35

:: Wow Hits 2006
일어나 두손들고(거룩하신 주) 114

:: 우르르 워십 (Wooruru Worship) 1
예수 내 영혼의 사랑 86

:: 위트니스 워십밴드 WORSHIPER 2
완전한 사랑 보여주신(예수 좋은 내 친구) 102

:: 유스미션 – Shout
주 사랑하는 마음 138

:: 유은성 3집 – 회복시키소서
내가 초라한 것이(예수님처럼) 31
잃어버린 나의 눈물을(회복시키소서) 117

:: 유앤 미 점프(드라이브 CCM)
나는 주만 높이리 11

:: 이길승 2집 – 아버지
들으라 큰 물의 박수소리(외쳐 부르네) 50

:: 이길승 3집 – 교회가 노래하네
교회는 주님의 몸(교회) 7
주님 한 분 만으로 131

:: 이천 라이브워십 3 – My Purpose
나의 영혼 간절히(하루 하루) 20
나의 영혼의 힘이 되신 주 21
내 삶의 목적이신 주(목적이 이끄는 삶) 39
내 영혼 주님을 만날 때 46
부족함 이를 데 없는(가장 행복한 사람) 67
열방 민족을 향한(왕의 왕 예수) 81
온 땅 다스리시는 주님 98
일어나라 백성들아 115
하나님께서 휘바람 불어(축제의 예배) 153

:: 전하세 예수 3
오 하나님 온 땅 위에 96

:: 정신호 1집 – Mighty God
홀로 위대하신 주(오직 주만) 164

:: 주리(Juri) 1집 – 갚을 수 없는 사랑
주의 선하심과 인자하심을 142

:: 찬미워십2 – Sing a new song
가난한 마음 가지고 2
거룩 거룩 거룩 하신 주(거룩 존귀) 4
거룩한 보좌에 계신 주(거룩하신 주 예수) 5
내 안과 밖 정결하게(만드소서 내 삶을) 42
내 영혼 소생시키시고(다윗의 노래) 44
소망 없는 세대가운데(교회를 부흥시키소서) 73
언제 어디서나 무엇하든지(할렐루야 Echo) 78
우리의 찬양 받으소서 105
힘든 일 있었나요(당신은 예배자) 166

:: 찬양인도자학교 라이브 워십 1집
거룩하신 전능의 주 3
온 세계 지으신 창조의 하나님 99

:: 찬양인도자학교 라이브워십 3집
나 여기 15
내려놓게 하소서 33
내 마음을 가득 채운 35
놀라우신 주의 은혜 47
많은 이들 말하고(다시 복음 앞에) 53
멈출 수 없는 사랑 56
오직 주의 은혜로 97
왕되신 나의 주님 100
우리는 주의 거룩한(하늘 가족 우리 교회) 104
주여 주 예수여 139

:: 트리니티 2003
내 모든 것 나의 생명(주 임재 안에서) 36

:: 트리니티 2008 – 안성진 3rd
그대는 하나님의 마음에(하나님의 마음에 합한 사람) 9
세상이 감당할 수 없는
  (하늘의 소망을 품고 사는 사람) 70
주의 선하심과 인자하심을 142
하나님께로 152

:: 트리니티 라이브워십(예배자)
다 표현 못해도(그 사랑 얼마나) 49

:: Trinity White 2
완전한 사랑 보여주신(예수 좋은 내 친구) 102

:: 패션코리아 3 (워십캠프 Live)
예수보다 더 큰 사랑 88

:: 패션코리아 4 (워십캠프 Live)
잃은 영혼 구원 얻으며(받아주소서) 116

:: Passion 05 Live EP bundle
일어나 두손들고(거룩하신 주) 114

:: Vol 2 Passion 파워 스테이션
주님께 감사드리라 126

:: 함부영 1집 – 나의 노래
주의 장막에서 144

:: 히트 모던 워쉽 – 부흥과 파송
전능의 주 얼굴 구하며 118
주의 집에 거하는 자 145

:: Hillsong United – With Hearts As One
소리쳐 주를 찬양하고(온세상에 전하리라) 72

:: Hillsong United – United We Stand
잃은 영혼 구원 얻으며(받아주소서) 11

초판 발행일 : 2009년 1월 5일
펴 낸 이 : 김 수 곤
펴 낸 곳 : 도서출판 선교햇불(ccm2u)
출 판 등 록 : 1999년 9월 21일 제54호
악 보 편 집 : 윤주연, 노수정, 위은애, 김종인
표지디자인 : 김은경
업 무 지 원 : 기태훈, 김한희, 최종환
주   소 : 서울시 송파구 삼전동 103번지
전   화 : (02) 2203-2739
F   A   X : (02) 2203-2738
E - mail : ccm2you@gmail.com
Homepage : www.ccm2u.com